哲学的好奇

世界是真的吗

姜宇辉◎著　　夏天姣◎绘

北京科学技术出版社
100层童书馆

图书在版编目（CIP）数据

哲学的好奇 . 世界是真的吗 / 姜宇辉著 ；夏天姣绘 . —北京：北京科学技术出版社，2023.9
ISBN 978-7-5714-3069-6

Ⅰ. ①哲… Ⅱ. ①姜… ②夏… Ⅲ. ①哲学－中国－儿童读物 Ⅳ. ① B2-49

中国国家版本馆 CIP 数据核字（2023）第 091241 号

策划编辑：郑宇芳　樊文静	
责任编辑：樊文静	
封面设计：沈学成	
图文制作：杨严严	
营销编辑：赵倩倩	
责任印制：吕　越	
出 版 人：曾庆宇	
出版发行：北京科学技术出版社	
社　　址：北京西直门南大街 16 号	
邮政编码：100035	
电　　话：0086-10-66135495（总编室）	
0086-10-66113227（发行部）	
网　　址：www.bkydw.cn	
印　　刷：天津联城印刷有限公司	
开　　本：710 mm×1000 mm　1/16	
字　　数：100 千字	
印　　张：9	
版　　次：2023 年 9 月第 1 版	
印　　次：2023 年 9 月第 1 次印刷	
ISBN 978-7-5714-3069-6	
定　　价：48.00 元	

开篇词

这将是一场"求真爱智"的哲学冒险。在开始这趟新奇、刺激的旅程之前，我们先来探讨两个问题：第一，作为孩子，你为什么要学哲学？第二，我为什么要给孩子讲哲学？

你为什么要学哲学？答案很简单。因为哲学对你的学习和生活来说有实实在在的用处。我大致列出学习哲学的三个用处：

一是提高思考能力。其他学科，比如语文、数学、英语等，培养的是语言表达、逻辑思维等某一方面的能力。只有哲学能在不同的学科之间搭建桥梁，让所学知识融会贯通，从而孕育出综合的、整体性的思考能力，培养你爱思考的习惯。

二是培养反思精神。无论是苏格拉底的"认识你自己"，还是《论语》里的"吾日三省吾身"，说的都是人要有反思精神。哲学为你提供了一个思考自我、探索自身的机会，这有利于你人格的健康成长。

三是拉近你和家人之间的距离。学习哲学，尤其是和爸爸妈妈一起学习哲学，是一个难得的家人之间互相了解和沟通的机会。

我为什么要给孩子讲哲学？孩子真的有必要学习那些大人都觉得抽象、难懂的哲学知识吗？我的回答是肯定的——需要学习，原因有三个：

首先，哲学是一门独立且历史悠久的学科，本身就有深厚的知识和人文的积淀。如果你不了解历史上伟大的哲学家的著作中所传达的哲思精神，就谈不上学过哲学。而且，在学习哲学的过程中，你不仅能积累知识，还能接受人文精神的熏陶。当你了解了伟大哲学家们的生命故事、思想点滴之后，你会对人类精神的发展有深刻的体悟和崇高的敬意，你也会成长。

其次，如果你想真正开始哲学的思考，必须具备辩证能力、推理能力、论证能力……而只有真正的哲学家才能教会你这些本领，只有古往今来的哲学名著才能引领你找到心中那些疑问的清晰完整的答案。

再次，我是一个父亲，在和我女儿的交流过程中，我深切体会到哲学给她带来的益处。同时，我也是一个法国哲学的研究者。法国的哲学教育享誉世界的一个重要原因，是它极为重视哲学史教育和人文精神的培育。我非常希望能和你一起分享我自己熟悉并擅长的内容。

接下来，我要谈谈这本书的讲述方式。我在这本书里做了一些新的尝试：

第一，我采用了大量的对话形式。这既是为了活跃气氛，同时也秉承了从苏格拉底开始的辩证式的哲学思考方法。

第二，我试图更贴近孩子的日常生活，选取适合孩子的哲学道理。书中很多对话的内容和素材都是来自我的生活，来自我跟女儿，以及周围小朋友的对话。我选取这样的内容，是想让哲学鲜活起来，让你知道哲学不应该被束之高阁，希望你能感同身受，发现哲学就在你身边。

第三，表现形式的多样化。你在这套书里会看到各种各样的表现形式，有论证、对话，还有童话、科幻故事等。我想通过这些多样的表现形式，呈现出哲学思考本身的魅力和活力。据我了解，很多小朋友之所以对哲学敬而远之，是因为他们接触的哲学往往都太抽象、太枯燥。本书中那些或长或短的故事，就是我初步的尝试和探索，我努力把新奇、有趣的哲学展现在你面前！

这套书共分三册，分别围绕自我、他人、世界这三个主题层层展开，从小到大、由己及人。围绕这三个主题，我选取了哲学史上一些经典的命题，通过哲学家的生平、基本哲学思想，以及它们跟你日常生活的关系，来讲解那些重要命题中蕴含的道理。希望你读过这套书之后，能清晰明确地表达自己的见解，回应根本的问题，与他人协商或论辩。同时，也希望你能掌握思考的方法和技能，并让它们为你的学习和今后的人生带去帮助。

哲学是一门魅力无穷的学问，真心希望你能喜欢上它，也衷心希望我能跟你成为心灵上的挚友。

开卷有益——让我们一起踏上旅程！

姜宇辉

目 录

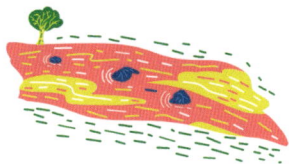

i

第一讲
洞穴隐喻

让哲学成为你的领路人，它可以一步步地带领你走出黑暗的洞穴，来到阳光下。

知道你自己是谁

从现在开始，我们要一起来思索一些大问题了。在这之前我要先介绍西方哲学史上最伟大的哲学家之一——古希腊的柏拉图。柏拉图非常厉害，他的著作很多，而且他的思想直到今天还对我们有非常大的影响。你脑子里的很多问题，柏拉图在两千多年前就已经想得清清楚楚了。现在，让我们一起来看看柏拉图最有名，也最有趣的一个故事——"洞穴隐喻"。这个故事讲述了一个很深刻的道理。

在讲这个故事之前，先进行复习和总结。你已经了解很多关于哲学的知识了，如果我问你，你觉得学习哲学有什么用，哲学对我们的生活有什么帮助，你能说出几点？

我归纳了一下，通过学习哲学，你大致可以学会四种方法：反思、综合、质疑、探索。用简单的话来说，反思，就是停下来，想一想；综合，就是放开眼光，往周围看一看；质疑，就是站出来，说出自己的想法；探索，就是往前走，不断打开未知世界的大门。

我们通过真实的生活场景来讲解吧。小苏和枚农还是我们的主人公，我们来看看哲学是怎么解决小朋友的各种困惑的。

小苏：你最近不开心，是不是因为学习太忙太累，没时间玩了？
枚农：是啊。这学期学习任务重，新班主任李老师总是留好多

作业，而且还有课外阅读、课外习题，我连周末都没时间玩！

小苏：那你有没有停下来好好想一想，为什么这学期课程这么多？是李老师故意留那么多作业让你没时间玩吗？她这么做是为了什么，难道只是为了增加学生的负担吗？

枚农：我还真没想过，但是李老师一直都和蔼可亲，不至于故意为难学生。

小苏：对啊，那你就应该想一想，如果老师不是故意增加学生的负担，那这背后就有其他原因。作业为什么多呢？因为你升到三年级了，需要学习的知识更多了，所以作业肯定就会多起来。而且，要学习的知识不仅变多了，而且越来越难，比如现在的乘法题目就是三位数的，英语课文里的句子也越来越长。要想掌握这些知识就要花费更多的时间。

枚农：但是，学这么多知识有什么用呢？以后真的用得上吗？你看，现在买东西都不用自己算账，手机扫一下就能付款。写字也没什么用，使用电子设备都可以语音输入。要想看懂英文，用手机里的翻译软件就可以了！

　　小苏：嗯！你越来越懂哲学了！你这样想，说明你确实动脑思考了。但是我想再跟你说一说学习是怎么回事儿。你看，现在你每天背着书包去学校，但你对有些科目不感兴趣，更喜欢在家画画。你还记得"知识就是力量"这个命题吗？今天我再给你讲一个道理，那就是——知识的学习不只是你看到的那一点点。你学数学，不只是在学习加减乘除运算。你学英语，也不只是背背单词和课文，所有这些都在训练你的各种思维能力。比如，哪怕是再难的乘法，你只要按照老师教的方法，都可以很轻松地算出来。其实，做很多事情，都是从简单到复杂，一步步地得到结果。数学就是训练你按照某种顺序去解决问题的能力。这样一想，数学是不是很有用？语言类的科目语文和英语也是这样的，它们有一个很实际的用途——人们通过语言沟通，表达自己的想法。你看你们班的小彤，大家都

喜欢听她讲故事，为什么？就是因为她平时喜欢读书，讲故事的时候会用各种比喻，还会举有趣的例子，这些都是通过学习语文掌握的能力。学习英语，你可以了解其他国家的人是怎么表述一件事情的，他们的表达方式和我们有什么不一样，这样，以后你去国外游玩或学习时，就能更好地跟当地人沟通，了解他们的生活，你自己的视野也会变得越来越广阔。

所以，学习训练的其实是综合能力。综合指的是我们不能只看到一个小角，而要看到整体；不能只看到事物的表面，而要理解它背后的道理。知识学得越多，你掌握的思维能力就越多，你的大脑就会越灵活。生活中各种高级的技能都需要你一点点地练出来。而且你练得越久，掌握的技能也就越多、越熟练，长此以往，你就可以把学到的各种知识和技能都联系起来，让自己变成一个越来越聪明、强大的人。这就是一个"综合"的过程。

枚农：你说的这些其实我也懂，因为你之前说过很多次了，我都听累了。但你说来说去，都是在说学知识有什么用。你有没有想过，生活里，我们要做很多不一样的事，不是只有上课学习知识这一件事。学习不也是为了让我们能更快乐地生活吗？可是现在，我每天做功课到很晚，根本没有时间做别的，这样的生活还有什么乐趣？我还能快乐吗？

小苏：看来不用我教，你已经学会另外一种很重要的哲学方法了，那就是质疑。你提出的这个疑问很好，因为你并非胡搅蛮缠，而

是讲得很有逻辑！质疑，不是别人说什么你就反对什么，跟别人对着干，真正的质疑是指出别人没有看到的方面，这对你和别人来说都是有帮助的。我之前一直跟你说，学习是有用的，但是你说了一个我没看到的方面，那就是学习之外还有其他很有意义、很重要的事情，比如快乐就很重要。学习要是不能让你快乐，就没意义了，或者说，为了学习牺牲快乐，就没意义了。

枚农：反正我现在每天都在学习，学习任务太重了，我感觉不怎么快乐！

小苏：那接下来我要跟你好好聊聊学习和快乐的关系！我要讲一个简单的道理，哲学的第四个方法——探索。你之前看一部宇宙纪录片很入迷，是什么地方那么吸引你呢？

枚农：它让我一下子知道了很多以前不知道的事情，原来我们的宇宙那么浩瀚无垠，原来科学家可以造出飞船，把我们带到遥远的星球上，真的是太伟大了！

　　小苏：探索也是这样，从已知到未知，从一个很小的范围，一点点向着更大的世界前进。所以，探索是一件很重要、也很快乐的事情。很重要，是因为它能让你看到你原来没有看到的东西，让你的视野越来越广阔，让你总是对世界充满好奇。哲学的起点不就是好奇吗？不停地探索，就能让你始终对周围的世界保持好奇心，让你的生活充满兴奋和活力，这本身就很快乐。

　　枚农：我要质疑！你说的探索是科学家才能做的事情吧？我只是个小孩子啊，而且我又不喜欢造飞船，我只喜欢画飞船，我不喜欢研究科学，我只喜欢看科幻电影！

小苏：探索不只是科学家才做的事情。其实，生活中有各种重要又有趣的探索。

一种是知识的探索，比如你在学校里学习。这种探索很有意思，因为你学习的每一门课程都包罗万象，而且历史悠久。你想一想，数学是什么时候出现的？《诗经》里的诗又是什么时候创作出来的？这些知识本身就是人类经过长时间探索的结果。而课本里的知识，只是人类探索结果里很小的一部分。但是，如果你感兴趣，就可以从这个很小的部分走进去，像坐上一艘飞船开始星际探索一样，去发现更广阔的天地，你可以一直在里面探索。

还有一种探索——对自我的探索，也就是知道你自己是谁。你张口就能说出自己的名字、所在年级、喜欢干什么，但这些只是你的很小的一部分。如果你真的能走进自己的内心世界，你会惊奇地发现，那是一个无边无际的宇宙。你会意识到，原来你可以做那么多有趣的新鲜事，你的情感是那么错综复杂。但是，所有这些，都需要你慢慢地从已知到未知，一点点地去探索。所以，你今后的人生，有一个很重要的目标，那就是找到你自己，认识你自己究竟是谁，你人生的意义是什么，你能做什么，应该做什么，这些都是哲学的探索。

最后，还有一种探索，也是最终极的探索——对整个世界的探索。这种探索，我留到最后再好好跟你分享。

一起思考吧

请想一想，反思、综合、质疑、探索这四个哲学思考方法，除了在学习知识之外，还有什么别的用途。比如，你和爸爸妈妈周末去郊游时，每个人可能都会对郊游的安排有自己的想法，你们可以在讨论的过程中尝试运用上面的思考方法，看看能不能达成一致。

从黑暗的洞穴走到阳光下

柏拉图写过一本很伟大的书——《理想国》。在这本书里，他想象出了一个完美的国家，一个由哲学家统治的国家，这里的统治者也可以叫作"哲学王"。柏拉图确实可以算作"哲学王"，他虽然不是统治国家的"王"，但无疑是所有哲学家里最厉害的那个"王"！

柏拉图出生在雅典，不过他跟他的老师苏格拉底不一样，他的家庭背景相当显赫，据说他们家的家谱可以一直追溯到雅典历史上最古老的君王。所以，他从小接受了非常好的教育，掌握了文学、艺术、逻辑、政治、哲学等多个领域的知识。快四十岁时，他干了一件很有意义的大事——在雅典建立了自己的学园。那时候的学园就像我们现在的大学，柏拉图的学园可以看作是西方历史上的第一所大学，柏拉图就是校长。据说，他上课完全不用任何讲稿，一开口，就可以滔滔不绝地讲下去，大家都对他佩服得五体投地。

我衷心希望你长大以后的某一天，能坐下来好好读一读《理想国》。现在，我们就讲讲这本书第七卷中"洞穴隐喻"的故事。我把它分成三个部分：洞穴、影了戏、走出洞穴看到阳光。

第一部分　洞穴

故事发生在一个洞穴里。你肯定见过洞穴吧，它要么在大山里，要么位于深深的地下，你要走一段长长的路才能走到洞穴深处，这段路肯定是弯弯曲曲的，光线也不好，所以你一定要小心翼翼地走才行，否则一不留神可能就会滑倒，甚至跌进水潭。柏拉图故事中的洞穴也是这样，里面很昏暗，有一条路通到外面。这样一来，洞穴里就不是完全黑的，有微弱的光照进来。

那么，住在洞穴里的是一些什么样的人呢？这些人从一生下来就被关在洞穴里，他们的手脚都被牢牢地绑着，无法行动；他们的头被固定住了，不能转动，只能看到面前的墙壁。一定要记住，这些人是背对着洞穴出口的，他们只能看到前面，根本看不到身后发生的事情，但是能听到身后有人走来走去的声音、说话的声音，还有他们拿着的各种器具发出的声音。

这些人是谁呢？你可能会认为他们是完全没有人身自由的奴隶，从小就被卖到主人家。你这样理解当然没问题，因为在当时的雅典，确实有很多奴隶。但你别忘了，这个故事叫"洞穴隐喻"，虽然讲的是洞穴和被关在里面的人，但其实只是用来打比方的。柏拉图的意思是，我们每个人生来就像洞穴里的这些人。你也许会质疑：柏拉图说得不

对！我刚生下来的时候，确实不怎么会动，也不会说话。但后来我慢慢长大了，活蹦乱跳的，想去哪儿就去哪儿，怎么能说我是关在洞穴里的奴隶呢！

你先别急，柏拉图只是在打比方。你想想看，你刚生下来的时候只能躺着，你能看到的世界很小，可能就是你小床周围的一点儿地方，你只能看到床边的玩具、头顶的天花板，而且那个时候，你的视力还不是很好，看到的世界是模模糊糊的。但是，慢慢地，你长大了，看得更清楚了，看到的世界也更大了。学习语言和知识以后，你明白的事情也越来越多，你开始学着说很复杂的句子、读字很多的书、弹钢琴、下围棋、打羽毛球……你有没有这样的感觉：你长大的过程也是你周围的世界一点点地从小到大，从黑暗变得光明的过程。就好像你的心里有一道光，它慢慢地投射到周围的世界，照亮的范围越来越大。那这道光是什么呢？应该就是你学到的各种各样的知识吧。学的知识越多，你就越能理解周围的世界，这是不是就像你心里的那道光越来越亮，照得也越来越远了呢？

柏拉图的"洞穴隐喻"就是这个意思。他想用这个故事来比喻我们每个人的人生，我们从懵懵懂懂的孩子一点点长大，学习知识，探索周围世界。所以，当我们还是孩子的时候，我们确实很像那些被关在洞穴里的奴隶，手脚不太会动，不会说话，也听不懂大人说的话，每天只能躺在小床上傻傻地盯着天花板发呆。这个时候，周围的世界还没有被我们心里的光照亮，还是黑暗的。

第二部分　影子戏

在"洞穴隐喻"这个故事中，在绑着手脚的奴隶身后，其实还有复杂的机关。先有一堵矮墙，矮墙的后面有一条走廊，走廊上方还有一堆火。这样一来会发生什么呢？因为有矮墙挡着，所以即便奴隶们拼命转过头，也看不到矮墙后的人，只能听到各种声音。但是哪怕有矮墙挡着，在矮墙后面走来走去的人还是会把自己的影子投射到奴隶面前的墙上。这是不是很像皮影戏？一个爷爷在幕布的后面操控手里用纸板或兽皮做的人形皮影，光打上去，就出现一个个栩栩如生的影子。然后，爷爷就开始讲故事，有时候还会有人唱戏，有人配乐。柏拉图洞穴里的这些人，是不是也像在看一场场皮影戏呢？因为他们看到的根本不是真实的东西，而是各种各样的影子。

再往后想，你躺在小床上，傻傻地盯着天花板的时候，虽然看不清楚，听不明白，但你也并非什么都不懂。其实，你还是非常聪明的。因为哪怕你不会说话，也不太会做动作，却总能让爸爸妈妈明白你想要什么，哪里不舒服，是饿了还是渴了。所以，虽然你的世界很小，还模模糊糊的，但那个时候的你觉得世界就是这样的，只有小床这么大的地方，天花板上贴的那些"星星"就是整个宇宙，身边走来走去的人大概就是这个世界上所有的人了吧。

后来，你慢慢地长大了，心灵也逐渐成长了，这个时候你发现世界完全不是原来的样子。原来世界那么大，你走出房间还有街道，走过街道还有高楼，走出城市还有更广阔的世界，无边无际的宇宙中还

蕴藏着许多未知。你会发现，你小时候看到的世界不仅是狭小的，而且是很不真实的，都是些模模糊糊的影子。当时的你因为还很小，所以就简单地以为那些影子就是真实的。

现在的你可能也还没有完全看到真实的世界。别看你已经能很自豪地对别人说"我已经是个小学生了"，别看你已经认识那么多字、会做那么复杂的数学题了，如果你去高中、大学的课堂里听一听、看一看，你就会发现，其实自己懂的不过还是些模模糊糊的影子。所以，学习很重要，学习哲学也很重要，因为它能一点点带你从黑乎乎的洞穴里走出来，让你看见周围越来越广阔的世界，让你看得越来越清楚，看到的东西越来越真实。

第三部分　走出洞穴看到阳光

这一部分，我们来看看柏拉图是怎么把洞穴里这些懵懂的奴隶一步步解救出来的。

你可以仔细想一想，如果你从小就生活在这个洞穴里，看到的全都是墙壁上的影子，就会以为那就是全部的、真实的世界了。这时候，有一个人，就当他是柏拉图吧，闯了进来，冲着大家喊："你们快醒醒，你们看到的都只是影子，根本不是真的！你们快跟我走，我来让你们看看真实的世界是什么样子的！"

假设真有这样一个人冲进来，你的第一个反应会是什么呢？肯定是"这人是不是疯了啊！我在小床上躺得好好的，你非要告诉我，这个世界很大，宇宙里有无数的星星，城市里有数不清的人，那又怎么样？！我只是个小婴儿，我只能看到眼前的这么一点儿，你少来打扰我！让我好好喝奶、睡觉吧！"。

没错，一开始，那些洞穴里的奴隶根本不会听柏拉图的话，他们把他当成坏人、骗子。可能大家还会联合起来，把他赶出去，继续看墙壁上的"影子戏"。

如果你是柏拉图，要深入洞穴去拯救那些迷失的奴隶，你会怎么做呢？你肯定不能一下子把他们拖到洞穴外面，最好的办法是一步一步来。先给他们松绑，然后让他们活动活动手脚、转转头，看看周围昏暗的环境，再走到那堵矮墙的后面。这时，他们就会看到那里有一团火，火光照到墙上才有了影子！这下，奴隶们可能就犯嘀咕了，开始质疑原来他们看到的东西的真实性。

第一步成功以后，你就可以拉着他们往外走，但还不能走得太快，因为他们的眼睛还不适应光线，而且他们被绑了那么久，可能腿脚都不太利索，要慢慢地走出洞穴。但刚出来的时候，他们因为在洞穴里待得太久了，眼睛一遇到光线，肯定不适应，睁不开，什么也看不清。但是没关系，跟着柏拉图，先不要去光线太强的地方，先去避光的地方，因为这里跟洞穴里的情况比较像，然后再一点点地看更明亮的地方，看更真实、更清楚的世界。

这就是柏拉图讲给我们的"洞穴隐喻"的故事。他想告诉我们，学习哲学的过程跟我们每个人从孩童一点点成长起来的过程非常相似。他让我们睁开眼睛去看世界，去学习更多的知识，去游历更多的地方。让哲学成为我们的领路人，因为它可以一步步地带领我们走出黑暗的洞穴，来到阳光下。

现在，你是不是觉得哲学和我们的生活有了更密切的联系呢？

第二讲
时间都去哪儿了

　　留一点儿时间给自己，停下来想一想，应该做什么，什么是你真正想做而没有做的。

人不能两次踏进同一条河流

这一讲，我们来讨论一个非常有趣，也很让人头疼的主题，那就是时间。时间是什么？这不仅是一个让哲学家们伤透脑筋的难题，也是我们每个人从小都会问的一个问题。大哲学家奥古斯丁在《忏悔录》里写过一句话："时间是什么？没有人问我的时候，我好像还挺明白的，但是一有人问我，我反倒糊涂了！"有人会说，这种问题还用问吗？我们每天都生活在时间里，时间每天都一分一秒地过去，你问也好，不问也好，时间都在流逝，是我们根本控制不了的。

真的是这样吗？别忘了老师经常跟你说："要好好管理你的时间！要做时间的主人！"但是，如果我们根本控制不了时间的流逝，又怎么做时间的"主人"呢？我们每个人好像都是时间的"奴隶"。你想想，每天晚上妈妈催你睡觉的时候，你是不是会抱怨："为什么我们每个人都要被时间管着？"这么看，时间真的变成了一个大魔王，我们的每分每秒都攥在它的手里，什么时候该做什么，不该做什么，好像最后都是它说了算，它的魔力还真是强大啊！

这样的感觉，其实哲学家很早就说过了。古希腊有个大哲学家叫赫拉克利特，他说过一句很有名的话："万物皆流，无物常驻。就像人不能两次踏进同一条河流。"这句话的意思跟我们对时间的感觉很相似。时间就像一条奔流不息的河流，昼夜不停地流，一分一秒都不会

停下来。这个世界上所有的东西都在时间这条河流里随波流淌，没有什么能够从中跳出来。你也许会说："我可不在时间里！"那我要问问你：真的有什么东西可以不在时间里吗？你现在能想到什么东西可以从一刻不停的时间河流中跳出来吗？

　　你可以慢慢想。从你自己到身边的人、事物，甚至整个世界、整个宇宙，你会发现这一切都在时间里不停地运动，根本停不下来。先说你自己吧，你每天照镜子的时候，会觉得今天的你跟昨天的你根本没有什么区别。然后，你就会很沮丧地问妈妈："我什么时候才能长大啊？为什么时间过得这么慢？"先别急，你再仔细想想，今天的你跟昨天的你相比，真的没有变化吗？没错，你的样貌不可能一下子发生巨大的变化，但是如果你看看科学纪录片或科普读物就会知道，你身上几乎所有的细胞大约每半年就会发生一次彻底的变化，确切地说，现在你身上的细胞，在半年后，大约有 98% 会被新的细胞代替。基本上就等于你换了一个新的身体。这就像你用 100 块积木搭了一个机器人，然后换掉了其中的 98 块。换完以后，你手里的机器人还是原来的那个吗？

　　你身体里的细胞每天都在变化，但是因为细胞非常小，你每天早上起来照镜子的时候当然看不到变化了。赫拉克利特说"万物皆流"，

这句话一点儿错都没有，只不过有的东西"流"得快一些，比如你身体里的细胞；有的东西"流"得慢一些，比如你的样貌、身高、体重、年龄等。在这个世界上，所有事物都在时间这条河流里不停地运动，不停地变化。如果我们把眼光放远一些，看看整个世界，你会发现这个世界上所有的东西的"流动"和变化都是有快有慢的。我考考你，世界上运动速度最快的是什么？是光！如果你驾驶着一艘以光速行驶的飞船，那这个世界上就没人追得上你了！我还想告诉你，时间也可以很慢。你知道有一门学科叫作考古学吧。考古学家发掘地下的宝藏，挖出很久很久以前的东西，这些东西虽然在地下埋了成千上万年，但挖出来的时候很多还保存得非常好，就像新的一样。对这些东西来说，时间流逝的速度该有多慢啊！它们在地下睡了一万年，醒来发现自己还在那里没动过。你再想想发掘出的恐龙化石，它们大都距今几千万年，对它们来说，时间流逝的速度真是慢得就像停止了。

然而，它们的时间从未停止，只是走得很慢而已。"万物皆流"嘛！哪怕对有些事物来说，时间走得很慢，慢到几千万年，甚至上亿年都没什么变化，但是时间仍然在走，根本不可能停下来。因为如果这些事物的时间停了下来，它们就不在时间里了，如果不在时间里，它们就根本不可能存在于这个世界！因为这个世界上的一切事物都在时间这条一刻不停的河流里，只不过对一些事物来说，时间流得快一些；对另一些事物来说，时间流得慢一些，但没有什么事物的时间是完全停下来的。

所以赫拉克利特的后半句话就是：人不能两次踏进同一条河流。为什么呢？因为当你第二次把小脚丫伸到河流里时，河里的水已经完全不一样了。时间就是这样一条河流，任凭你怎么努力，都没办法让它停下来。

你是不是要说："我能让时间停下来！你看，我把这个电子钟里的电池拿出来，它的指针就不走了，时间就停止了！我是不是很厉害！"

好吧，你是很厉害，但你只是让你的电子钟停下来了，并没有让时间停下来！因为别人的钟还在走，所以如果你的钟碰巧坏了，你想知道时间，就可以打电话给好朋友，问问他现在几点了。其实也不用打电话，你打开手机、电脑、电视，几乎所有的电子产品都会显示时间。所以说，你能让世界上所有的钟都停下来，能让世界上所有的电脑、手机都没有电吗？而且，就算你真的法力无边，让世界上所有显示时间的机器都停下来了，但是你想想，世界上所有的事物还在走，在运动，在变化。就说最简单的吧。太阳每天早上都会升起来，每天晚上都会落下去，这就是"一天"，即便你让所有的钟和电子产品都停了，你能让太阳停下来吗？所以赫拉克利特说的"万物皆流"，我们真的没办法反驳。

说到这里，我想到了三个很有趣的故事。

第一个故事的主角是一位小女孩，她倒没觉得自己总是被时间管着是一件很难受的事，但让她很烦恼的是"现在"是什么。每天晚上她妈妈都会说："你现在就去睡觉！"她总是一脸茫然地问："'现在'

是什么呢？'现在'在哪里？你说'现在'的时候，'现在'已经过去了啊！"这并不是这位小女孩一个人的困惑，我还听到过其他孩子问大人这个问题。不过，这是一个很难回答的问题，因为直到现在，哲学家们还在争论"现在"是什么。如果给你一个最简单的回答，倒也不难，你想知道"现在"去哪儿了吗？很简单，"现在"去了"过去"啊！当你说"现在"的时候，它就已经变成了"过去"。你可以把时间想象成一条直线，上面有一个个点，每个点都是"现在"，这条直线就像一列火车，不停地从过去冲向未来，每一个"现在"都在不停地变成"过去"。所以，如果你来问我这个问题，我想我会这样回答：

"当我说'现在'的时候，没错，那个'现在'已经过去了、不见了，变成了'过去'，但还有新的'现在'，还有无数一个又一个的'现在'，比如说你现在必须睡觉的这个'现在'！"

第二个故事是美国儿童哲学家马修斯在《哲学与幼童》这本书里讲的。故事的主人公是一位叫乔丹的小男孩，他一直想不明白，为什么他睡觉的时候时针总是转10圈？为什么不是20圈，不是30圈，而一定是 10 圈呢？因此，他白天一直很焦虑，不停地看教室里的钟，生怕他不看的时候，那个钟突然多走了几圈。马修斯认为，这个故事讲的是观察和证据之间的关系。没人能让时间停下来，因为"万物皆流"，万事万物每时每刻都在运动、变化。但是乔丹的焦虑可能恰恰表明了另外一件很重要的事情：虽然时间一直在流，万物一直在变，但是，我们每个人对时间的感觉是不一样的，甚至可以说是千差万别的。就说上课这件事，如果上的是你喜欢的课，你会觉得时间过得特别快，一眨眼就过去了；但如果上的是你不喜欢的课呢？那真的是度日如年，一上课你可能就开始看教室里的钟，你会不停地看，不停地在心里嘀咕："怎么还不下课……"其实，钟还在走，一节课还是 45 分钟，没有变长，也没有变短，因为时间一到，你就会听到下课铃声。但是为什么上有的课，时间过得很快；上有的课，时间就过得很慢呢？那是因为你对时间的感觉不同。你也可以做时间的主人。一节课的时间确实是 45 分钟，但在你心里，这 45 分钟就像橡皮筋一样，可以拉长，也可以缩短。这样一来，你是不是觉得自己拥有了掌控时间的魔法呢？

第三个故事是关于时光倒流的，为了让你更好地理解，我借用《哆啦 A 梦》的故事来讲。爸爸在外面喝酒的时候，不小心把钱包给弄丢了，但是他喝得迷迷糊糊的，想不起来钱包丢在了哪里。所以，大雄和哆啦 A 梦只好坐时光机回到过去，看看爸爸在哪里丢了钱包，但是他们每次都错过了时机，只能一次次坐时光机回去。不料，意外发生了，在爸爸喝酒的地方，一下子出现了一大堆从未来回来的大雄和哆啦Ａ梦，乱成了一锅粥。所以，改变过去这件事是很可怕的，你不妨想一想，你真的希望时间可以倒流吗？如果真的有时间机器，你会先选择用它做什么呢？

一起思考吧

你或许看过很多关于时间机器和时间旅行的动画片，可以跟身边的朋友或者爸爸妈妈分享一下，你眼中的时间旅行是什么样的。如果你能拥有哆啦Ａ梦的任意门，你最想去哪里，最想回到过去的哪一个时刻？

每个人都是时间的主人

我们继续思考时间这个有趣的、让人着迷的话题。

我引用古希腊哲学家赫拉克利特的名言"万物皆流",讲了一个道理:万事万物都在时间里流动,没有什么能够从时间这条河流里逃出来,所以才会有"人不能两次踏进同一条河流"这样的说法,这种说法听上去有些奇怪,但却很有道理。

现在,我要带着你进行质疑了。希望你还记得,质疑是一个很有用的哲学方法。那么,质疑什么呢?我们就是要质疑赫拉克利特的这句话。这句话有什么问题呢?请你想一想,真的没有人能从时间这条河流里跳出来吗?好像也不一定,我们每个人心里对时间的感觉都很不一样。每个人心里有一个钟,心里的钟走的速度跟墙上挂钟的是不一样的。

你不仅可以改变心里这个钟走的速度，而且还有一个更神奇的魔法——你可以随心所欲地改变指针走的方向。你不相信？其实，这个魔法每个人都会，而且非常简单，只需要用到两种能力：一种是回忆，另一种是想象。

先说说回忆吧。我先问问你，如果时间是一条河流，那这条河流流动的方向是什么呢？或者说，它从哪里流过来，又流向哪里呢？很简单，时间有三个部分，一个叫过去，一个叫现在，一个叫未来。当我跟你说话的时候，就是"现在"。我们每个人其实都活在"现在"，但是时间在不停地流动，所以每个现在都是停不下来的，它马上就会变成"过去"，然后，它又要不停地朝着下一个"现在"流去，那就是"未来"，因为"未来"就是"还没有到来"。你是不是有点儿被绕晕了？没关系，简单来说就是，时间这条河流是从"过去"流到"现在"，再不停地朝着"未来"流去的。

但是，这个方向真的改变不了吗？其实不然，它很容易改变，靠回忆就行！这样的例子不胜枚举。你小时候肯定发生过很多好玩的事情，那么，让你印象最深刻的是哪一件呢？我记得，我上小学的时候，学校旁边有一片很开阔的农田，田里长着高高的向日葵，还有各种叫不出名字的小树和草。每天一放学，我们一群小朋友就会冲到田里去捉蝴蝶和各种颜色的小虫子，然后把它们装进小瓶子里，第二天带到班上去炫耀。你看，当我回忆小学的这些事情时，时间流动的方向是不是就反过来了？不是从过去到现在，而是很奇妙地从现在回到了过

去。回忆这件事情，谁都可以做，而且可以随时随地做。

　　通过回忆，我们一下子就把时间流动的方向改变了，时间好像倒流了。你会说：这个"倒流"并不是真的，因为我还在"现在"啊，又没有真的回到过去！我只是坐在这里，在脑海中回想过去的事情！其实我想说的就是这个意思。时钟的指针还在一分一秒地走，时间流动的方向还是从过去到现在再到未来，一点儿都没有改变。但是，在你的心里，时间的流动可不是只有这一个方向，你可以自由地回到过去的任何一个时刻，只要你的记忆力足够好。回忆是一种强大的魔法，它的神通广大你可能真的没想过。

　　好，回忆这种魔法我们了解了，那么，在你心里还有没有别的能改变时间方向的魔法呢？有，那就是——想象。想象是什么呢？你上课走神的时候，老师可能会提醒你："上课要专心听讲，不要胡思乱

想！"那什么叫胡思乱想呢？比如你明明坐在教室里，可是你的小脑瓜已经飞向了周末，因为爸爸答应周末带你去游乐园坐惊险又刺激的过山车。你看，当你让想象之轮转动的时候，时间的方向是不是又改变了呢？时间不再是从过去到现在再到未来，而是反过来，从未来到现在了，因为你现在已经在想象周末才会发生的事情了。

你是不是又开始质疑了：你说得不对啊，周末的事情还没有发生，没发生的事情并不存在于现在。再说，我现在只是随便想想，周末到底会怎么样，其实我心里也没底。要是爸爸突然加班呢？要是到了周六，突然下暴雨，我没办法出去玩呢？未来的事情，谁说得准？所以，我想了也没用！

我觉得你质疑得很好，很有小哲学家的头脑。但是，我要再质疑一下你的质疑了。你先想想，什么叫未来呢？那肯定是还没发生的事情。但是，未来还有一个很重要的意思，就是"可能性"。我举一个简单的例子，还是说周末出去玩吧。爸爸一开始跟你说："我们周六去坐过山车怎么样啊？"你肯定兴奋地跳起来说："我要去！我要去！"这个时候，妈妈就在旁边泼冷水了："你们确定这周六不下雨？天气预报说，周末有可能下雨！"

那么，妈妈说的这个"有可能"是什么意思呢？就是"不一定"。不确定到底下不下雨，有可能下雨，也有可能晴天。这就是未来最有趣的地方，你没办法说清楚未来"一定"是什么样子，所以你只能猜测，只能想象。想象未来，就是改变时间流动方向的另一种魔法！

其实，这两种魔法并非只有你心里才有，在别的地方也能够找到，你想想是什么地方呢？是不是电影院？你想，你和爸爸妈妈坐在舒服的椅子上，吃着爆米花，喝着可乐。然后，周围的灯光慢慢暗下来，旁边的人都不说话了，因为，在你面前的那块大屏幕上，精彩刺激的电影马上就要开始了。可是，你有没有想过，为什么大家都这么喜欢看电影？电影到底好玩在哪里？是不是因为电影和你想象、回忆的过程很相似，它拥有让时间变快或变慢、改变时间流动方向的魔法。一部电影的时长一般只有两三个小时，但就在这短短的两三个小时里，你好像经历了几十年的时间。你看到电影里的主人公从电影开始时那个爱哭爱闹的小婴儿，到电影结束时变成一位花白头发的老爷爷，是不是很奇妙？就像刚才我回忆小时候的事情，我也回到了二三十年前。所以，其实我们根本不需要什么时间机器，我们只需要依靠回忆和想象，或者坐进电影院，就可以轻而易举地施展改变时间流动方向的魔法。

从这个角度来说，我们每个人都可以做时间的主人。我们不是每分每秒都被时间管着，我们心里有很厉害的魔法——回忆和想象，我可以把时间掌握在自己手里。所以，对于时间，你现在是不是有一点儿不一样的想法呢？没错，时间一分一秒，一天一天，一年一年地过去，你没办法让它停下来，也没办法从时间的河流里跳出来。但是，在你

心里，时间是一个精彩纷呈的万花筒，你可以通过回忆回到过去，可以依靠想象拉近未来，正是这些魔法让你的生活变得更加丰富多彩。否则，这个世界该多无趣啊！

有了回忆和想象这两种强大的魔法，我们变成了时间的主人。可为什么老师和家长还是会不停地说："要珍惜时间！不要虚度光阴！"既然我们很容易就能改变时间流动的方向，让时间流动的速度变快或变慢，那为什么还要珍惜时间呢？反正在我们自己心里，时间有的是！

其实，我也要提醒你珍惜时间，因为时间过去了就过去了，过去的时间是回不来的，哪怕你记忆力再好，也没办法让时间倒流！

我们每个人都做过让自己很后悔的事情吧？那么，我们为什么会后悔呢？就是因为我们做了一件错事，但却没有办法去弥补，去挽回。

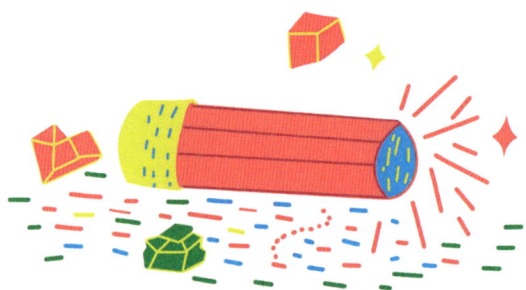

时间一直在流逝，从过去到现在再到未来。你做过的那件错事，已经过去了，无论你怎么回忆和想象，都没有办法改变它，也没有办法消灭它。大人们常说："这个世界上是没有后悔药的！"为什么呢？因为哪怕你像童话里那样喝下了"遗忘药水"，把那件错事从记忆中抹掉了，但那件错事只是在你心里被抹掉了，你做的错事对别人造成的伤害其实并没有消失！

我上小学的时候做过一件让自己很后悔的事情。我在班上有一个最好的朋友，我们俩每天都一起做作业，一起做模型，一起骑自行车出去玩，真的很快乐。但有一次，好像因为一件很小的事情，我们俩大吵了一架，一个星期互相都没说话。更糟糕的是，一个月之后，他爸爸因为要到别的城市工作，他就跟着转学了。直到他离开的那一天，我也没机会跟他道歉。30多年过去了，我一直都没有再遇见他，也不知道他在哪里。我现在还是很想跟他说一声"对不起"，说一声"你还是我最好的朋友"，但是这些都不可能实现了，因为过去的事情已经过去了，我现在做什么都没有办法回到从前了。

　　这件事情告诉我们一个很深刻的道理：时间并不是只在你自己的心里流动，我们每个人都在时间里，我们做的事无论是好是坏，都会对别人造成影响。如果你做了什么伤害别人的事，一定要抓紧时间去挽回，去弥补。比如，你跟好朋友吵架了，不要一直赌气不说话。你可以想想办法，主动去跟他谈谈，看看问题出在哪里。也许问题解决了以后，你们还可以做回好朋友。同样，如果你想对别人说一些或者做一些让他开心的事，那也应该抓紧时间去说、去做，因为时间在一分一秒地流走，可能有一天，他就离开你去很远的地方了。再比如，你如果有美好的愿望和理想，也应该抓紧时间去努力实现。单纯坐在那里想象是没有用的，你必须要去做，去行动，才能把想象变成现实。所以，回忆、想象，再加上行动，你才能真正成为时间的主人。

最后我想说的是，珍惜时间还有另外一个意思，那就是——留一点儿时间给自己。因为在空闲的时间里，你才能停下来想一想，自己应该做什么，还有什么是真正想做而没有做的。对大人来说也是如此。像我这样的大人，整天忙忙碌碌的，一大早就出门上班，有时候晚上下班回家还要继续加班，忙得一点儿空闲时间都没有！但是我们都不太喜欢这样，我们很羡慕你们，那么无忧无虑，好像总是有大把的时间可以去幻想，在我们看来，这是一件多么让人开心的事情！所以，珍惜时间，留一点儿时间给自己，留一点儿时间给别人，不仅是讲给孩子听的道理，我们每个大人的心里也是这样憧憬的。

第三讲
存在就是被感知

能感觉到的东西只是整个世界很小的一部分，还有很多东西是根本看不见、摸不着的。

闭上眼睛，世界就消失了吗

我们每个人都有感觉，而且每天都在用，其实感觉也是一个非常有趣的哲学话题。你有没有想过感觉是什么？感觉有什么作用？感觉对于我们的生活有多大的帮助？

我想问问，你身上有多少种不同的感觉呢？你很可能会说，眼睛能看。对，视觉是人很重要的一种感觉，睁开眼睛我们就能看到人、树、天空，还能看到书、画、电脑屏幕。眼睛的重要性真的是太高了，离开了眼睛，好像我们都没办法生活。你也玩过那个游戏吧？就是把眼睛蒙起来，然后在教室里走来走去，找东西。如果在平时，你会觉得这是一件非常简单的事情，比如老师让你把教室后边的那本书拿过来。你肯定一阵风似的冲过去，把书拿回来给老师，这很容易。但是，当你的眼睛被蒙起来后，你会发现，周围的世界一下子都变黑了。你会走得很慢、很小心，生怕撞到桌子和椅子，还要一边走一边用手摸来摸去找东西。你看，离开了眼睛，你是不是寸步难行？眼睛很重要，它能够让我们很轻松地看到一个东西的大小、颜色、位置等，给我们的生活提供很多便利。

眼睛固然重要，但是你的身上不只有眼睛，还有很多重要的感觉器官。奇妙的是，这些器官基本上都集中在你的头部。那么，除了视觉，你还能想到什么感觉呢？你可能会想到听觉。没错，视觉和听觉

是很重要、很基本的两种感觉，当你看不清楚的时候，听声音也许能够帮助你很好地行动，躲避危险。不知道你看不看足球比赛？足球场上，运动员们可谓是"眼观六路，耳听八方"，他们不像我们，可以坐在电视机前，把场上的所有情况都看得一清二楚。当看不清楚的时候，他们就靠听觉来判断，足球从哪个方向飞过来，飞过来的足球速度有多快，高度是多少，身边有几个对方的队员在对自己进行贴身防守等。

说完了视觉和听觉，还剩下几种感觉呢？你可能听说过"五感"这种说法，"五感"指的就是眼睛的视觉，耳朵的听觉，鼻子的嗅觉，舌头的味觉和肌肤的触觉。

我们再说说嗅觉。视觉和听觉很重要，离开了它们，我们的生活会变得异常困难。你可能会觉得像嗅觉这样的感觉不那么重要，我们不能靠鼻子来判断一个东西的大小和颜色，也没办法光靠闻一闻就能知道那个东西在哪里。但是，你可别小看嗅觉，它起码有两个很重要的作用。很多时候我们只能靠鼻子闻才能躲避危险，你可以先想一想什么时候会出现这样的情况。我来举个例子——煤气泄漏，这可是非常危险的。为什么呢？因为泄漏出来的煤气，你看不到颜色，也听不到声音，只能靠鼻子闻。而且，煤气泄漏的时候，人们很可能在睡觉，眼睛和耳朵都休息了，只有鼻子这个"小哨兵"还醒着，为我们站岗放哨。一项科学研究表明，在睡觉做梦的时候，人的其他感觉都不敏锐，基本上不起作用，但嗅觉仍然很灵敏。

嗅觉还有一个很重要的作用，就是让我们快乐或悲伤。你会说，眼睛和耳朵也能起到这个作用。看到美丽的风景，我们的心情就会很好；听到难听的音乐，我们的心情就会很糟。但是嗅觉的作用是很奇妙的，因为鼻子闻到的是气味，气味在空气中传播，而空气又是看不见摸不着的。所以，嗅觉会像一个看不见的小精灵一样，偷偷地让你感到快乐或悲伤。比如，语文老师喷了鲜花香气的香水，每次她走过来给你讲解题目的时候，你都能闻到好闻的气味，就像走进了一座花园，你的心情也好起来了。

接下来就是味觉和触觉了。这两种感觉跟前面的三种感觉比起来，好像差了很多。说一个最简单的道理吧，眼睛能看到很远的景物，耳朵能听到很远的声音，嗅觉呢，只要有风吹过来，鼻子也能闻到远方飘来的气味，想想你在街上饿着肚子走路时，是不是能闻到远处传过来的炸鸡的气味？但是味觉和触觉好像就不行了，因为舌头一定要真的碰到食物，才能知道食物是什么味道的；肌肤也一样，一定要真的接触到一件东西，才知道它到底是硬的还是软的，是冷的还是热的。所以，味觉和触觉要离得很近才能发挥作用。

如果你的好朋友搬去了其他城市生活，虽然你们还是可以通过手机聊天、打视频电话联系，但是，离开了触觉，你是不是觉得生活里

一下子缺少了一种很重要的东西——亲密感？握手、拥抱、抚摸……触觉是人和人之间沟通时非常重要的纽带。想一想，当你伤心的时候，当你孤独无助的时候，是不是只要依偎在妈妈怀里，感受到她的体温、她的气息，心里就慢慢温暖起来了？

其实除"五感"之外，还有第六种感觉。这种感觉我们每个人身上都可以有，它也叫"联觉"或"通感"。"通感"里的"通"字说的就是视觉、听觉、嗅觉、味觉和触觉这五种感觉也可以一起发挥作用。比如，你每天早上起来去坐校车，校车是黄色的，到站的时候会发出悦耳的铃声。你每天都看、都听，久而久之，黄色和铃声好像就联系在一起了。以后，可能每次看到黄色的东西，你耳边都仿佛响起铃声。

通感可以作为一种很有用的方法，让我们的生活变得丰富有趣。你在阅读的时候可能经常会遇到通感的例子。比如，作者会把钢琴的声音形容成"轻轻流淌的小河"，这就是通感。钢琴的声音原本是听到的，但小河却是看到的，作者把看和听联系在一起，让你的感觉变得更丰富了。中国古代的诗词里也有很多这样的例子。唐代诗人白居易的《琵琶行》里通感就很典型，诗人用"大珠小珠落玉盘"这句千古名句形容琵琶的声音。读到这句诗，即使你从来没有听过琵琶的声音，是不是也能一下子感觉到琵琶发出大大小小、轻轻重重的声音的气势？所以，通感很有用，是我们很重要的一种感觉。

关于感觉，17 世纪英国著名的经验论哲学家贝克莱有一个著名的命题——存在就是被感知。这个命题说的是什么意思呢？为什么直到

今天，大家还是觉得这句话虽然奇怪又荒唐，但却很难反驳呢？其实，这句话的直接意思就是跟感觉有关的。举个例子。现在你闭上眼睛，周围的世界是不是消失了？你闭上眼睛，确实什么都看不见了，可你还能听见各种声音，说话的声音、汽车的声音、风的声音、雨的声音……你把耳朵也捂起来，这下声音没了，世界总算消失了吧？也不可能，因为你还有另外三种感觉。如果你躲进一个厚厚的睡袋里，没有光、没有颜色、没有声音、没有气味，什么也尝不到、摸不到，各种感觉好像都没有了，那么这个时候世界真的就消失了吗？

你会发现，这个问题好像有点儿难回答。因为我们确实是用眼睛、耳朵等五官来感知这个世界的，但当这些感觉都不起作用的时候，是不是世界也就消失了？你是不是马上就会站出来说："不对！我看不到，可是别人看得到啊，我听不到，可是别人听得到啊！比如，上课的时候，老师的声音有点儿小，坐在后排的同学听不清楚，就要问前排的同学老师刚刚在说什么。你看，当你自己听不到的时候，可以问问别人，因为还有人能够听到。"

但是，我现在要质疑你了：你不是已经把自己藏起来了吗？那你怎么能听见别的小朋友说的话呢？就算他告诉你了，可你自己的耳朵已经被捂住了，你也听不见啊！所以，是不是"感觉不到"的时候，世界就"消失"了呢？贝克莱说的"存在就是被感知"讲的就是这个道理。

一起思考吧

你可以开动小脑筋，反驳一下贝克莱的这个命题。当你感觉不到这个世界的时候，这个世界去了哪里？它真的消失了吗？你或许能够理解一个东西消失了是什么意思，比如你的文具不见了。但是，整个世界都消失了是什么意思呢？

感觉不到，却真实存在

"闭上眼睛，世界就消失了吗？"这句话里有一个很重要的知识点，那就是，感觉是我们跟世界相联系的起点和纽带。人类认识世界是从感觉开始的，所以感觉是起点。要是我们没有视觉，没有听觉，就看不到光线，听不到声音，那世界对我们来说还剩下什么？因为世界一开始就是"看得见、摸得着"的，我们可以通过五感感觉事物各种各样的性质，颜色、形状、气味、冷热……离开了这些，世界好像就什么都不是了。不信的话，现在你可以做一个小小的思想实验。在心里想象一个东西，你看不到它，听不到它，也摸不到、闻不到它，那么，它存不存在呢？它是不是真的呢？

　　感觉真的很重要，如果一样东西我们完全没办法感觉到它，那它可能就真的不存在。反过来说，一样东西，哪怕它仅仅是想象出来的，但我们只要能感觉到它，就可以说它在某种意义上是存在的。这一点儿都不矛盾。就说你在书里读到的那些人物吧，比如孙悟空、哈利·波特、哪吒，你明明知道他们都是作者编出来的人物，在真实的世界里根本不存在。你走在街上时，肯定不会看到一只猴子拿着金箍棒在天上飞来飞去。但是，如果我问你，孙悟空真的不存在吗？你可能就有点儿犹豫了。因为虽然孙悟空不存在于真实的世界，但他是我们想象的世界里的一个主角，他存在于《西游记》的书里、电影里、游戏里，他可以被看到、听到，甚至还可以做成公仔玩偶被我们摸到。这些都说明孙悟空肯定是存在的！所以，贝克莱说"存在就是被感知"，还挺有道理的，这至少说明，感觉是我们这个世界中很重要的一个部分，离开了感觉，世界就会变得无聊、空洞、荒凉。你想想，谁愿意生活在一个没有颜色、没有声音、没有好闻的气味、没有好吃的食物的世

界里呢？

　　说到这里，我接下来就要开始质疑了，你要打起精神，下面的内容会有点儿难，因为它特别"哲学"。

　　贝克莱说"存在就是被感知"，一开始我们觉得很有道理，因为感觉不到的东西好像就是不存在的，反过来，能感觉到的东西，哪怕它不是真实存在，但也可以"存在"于想象的世界。但是，我要考考你：感觉的世界就是整个世界吗？除了可以被感觉到的颜色、声音、气味、温度之外，这个世界上还有别的东西吗？是不是还有很多东西是我们根本感觉不到，但却是真实存在的呢？

　　关于这个问题，不知道你的结论是什么，我要先揭晓答案了——

这个世界上，除了能感觉到的东西之外，还有一类东西是感觉不到却真实存在的，那就是"知识"，比如你学习的语文、数学、英语等课本上的内容。这么一说，你可能就不明白了，课本里的知识怎么会感觉不到呢？打开语文课本，里面的一个个汉字、一篇篇课文，都是可以清清楚楚地看到的，更别说刚拿到手的课本了，还会有好闻的油墨的香气。数学课本也一样，里面的一串串数字、一个个图形，还有加减乘除的算式，各种各样的应用题……都是可以被看到、被摸到，甚至是被听到的，比如数学老师点名叫你站起来回答"第六页那道乘法题的答案是多少"，你会说"三十乘以六等于一百八十"。这道题的"声音"，班里的同学都能够听到。

没错，你说的这些都对，但是，你有没有想过，真正的知识，不单单是课本上印的那些汉字、单词、句子、算式等，还包括你脑海里的"观念"。这层意思有点儿难理解，那我就举一个简单的例子讲一讲吧。你在语文课上学了一首古诗，其中两句你很喜欢：江南可采莲，莲叶何田田。读了一遍，你就把它记在心里了，回家后还美滋滋地背给妹妹听。妹妹今年刚上幼儿园，她却一点儿也听不懂。你看，是不是问题就来了？明明你已经把诗背出来了，妹妹虽然小，但一定能听得非常清楚。既然你说清楚了，她也听清楚了，可为什么她就是不懂呢？现在你是不是一下子就明白了，光听是不够的，还需要懂，这个"懂"可不是只用耳朵听就行，还需要你开动脑筋，去想一想这句诗的意思。这句诗里的"田田"，是说莲叶很茂盛，仿佛要把池塘铺满了。

这层意思你听不到、看不到，也闻不到、尝不到，那它存在于哪里呢？答案很简单，它就存在于你的心里，你的脑海里。而且，意思很重要，因为你每天跟别人说话，就是要让别人懂你的意思，就是要把你心里的想法用语言传递给别人。别人懂了，你们就可以继续聊下去。但是，如果对方不懂呢？那就很麻烦了，你要想办法继续说，用各种办法让他懂。所以你看，你心里的这个"意思"，别人确实看不见、摸不着，但它是真实存在的，而且它还很重要。离开这个"意思"，我们的生活就会受到影响。

语文说完了，那再说说数学吧。一首诗的意思是看不见、摸不着的。但是一个三角形、一道数学题怎么可能看不见呢？你可能要模仿我刚才说的意思进行质疑了吧：老师你刚才说，说出来的话是听得见的，心里面的意思是听不见的。那么，数学是不是也是这样的？纸上画的三角形是看得见的，但是你心里还有一个三角形，是别人根本看不见的。

真的有两个三角形吗？一个是画在纸上的，另一个是你心里想出来的？这样会不会很奇怪呢？还真的不奇怪，因为好像就是这么回事儿。我再举一个简单的直线的例子。什么是直线呢？就是直的线吧。那么，什么是"直"，什么是"线"呢……如果一直这么问下去，估计你会不耐烦。好，先别烦，你虽然说不清楚直线是什么，但是你会画啊，画一条直线很简单，对不对？只要拿出尺子和铅笔，你是不是一下子就画出来了？不过，我现在偏要"鸡蛋里挑骨头"，我问问你，你画的这条线真的是直的吗？你再仔细看看，好像不是吧？因为它有"宽度"。而且，它是用铅笔画出来的，仔细看，这条线还有"厚度"，就像是把细细的铅笔末撒在了纸上，形成一道矮矮的"山坡"。

如果在纸上画出来的不是真正的直线，那么，真正的直线就只在你的脑海里，你只是在纸上把你想好的直线画出来了而已。别人看到你画的直线，根本不管它是不是真的直，因为他心里早已经明白，真正的直线是什么样的。

说到这里，相信你已经明白了：能感觉到的东西在整个世界上只是很小的一部分，这个世界上还有很多东西是根本看不见、摸不着的，比如你心里想要表达的"意思"，脑海里正在想的数字和图形等。除了这些之外，还有很多东西也是感觉不到，却真实存在的。你可以好好想一想，还有哪些东西是这样的。

第四讲
生命是什么

无论我们深入到多么小的微粒，都能发现生命力在涌动。

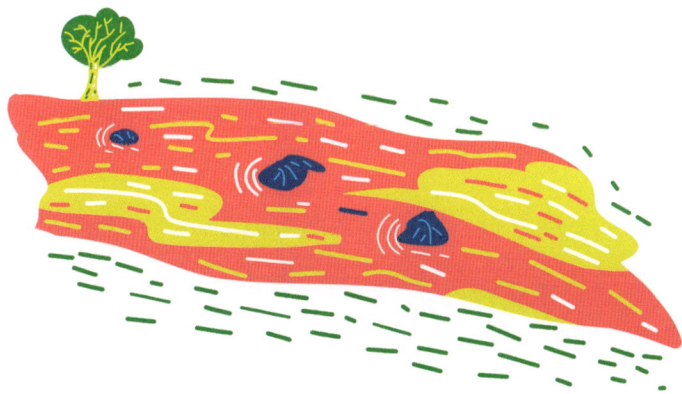

自然界里的一切都是有生命的

这本书的主题是"世界"，你肯定已经察觉到了，我们聊的主题越来越大了。这场哲学的冒险确实就像柏拉图讲的那个"洞穴隐喻"，你一步步从自己小小的角落进入更广阔的世界，跟着历史上那些伟大的哲学家一起思索这个世界上最引人深思的问题。

这一讲的主题是生命。生命是什么呢？当我这样问的时候，你也许会想，生命就是活着，就是呼吸、心跳、脉搏、行走、跑跳，就是从小孩子长成大人，就是感觉自己的身体越来越强壮，越来越有力量。对，这些都是你对生命最直接的感觉。不过，学哲学，感觉固然很重要，但只有感觉是不够的，你还需要从感觉开始，一点点学会抽象思考。那我们就一步步来，看看应该怎样来思考"生命"。

我们先从世界开始。世界是什么呢？好像没人说得清楚，但是每个人都知道，自己是整个世界的一个部分，就像大海里的一滴水，树林里的一片树叶。世界很大，我们朝着远方望过去，怎么也望不到边际。就算我们开着飞机，向着远方不停地飞，也不可能到达世界的终点。世界大到没有边际，无论从空间上还是时间上，世界都是无限的，没办法穷尽。

但是反过来说，世界虽然很大，但它是由一个个很小的我们构成的，每一个人都是世界的一个分子，少了哪个人，这个世界都会缺少一抹

色彩。所以，无论你现在看起来是多么渺小，你身边的世界多么广阔，这个世界上也一定有你的位置，有你的舞台。这样说，你是不是觉得自己离世界也没有那么远了？因为你生活的每一天，你说的每一句话，你做的每一件事，都在为整个世界贡献力量。你可以把世界想象成一张大网，它在时间和空间的维度上不断地延展，从古到今，从近到远，我们都是这张大网里的一个网结，或者干脆说，我们都是织网的人。所以，世界一点儿都不遥远，它就在我们每个人的手里。

明白了世界是什么，我就要带你进行抽象思考了。你说，世界上有哪些东西呢？有的小朋友会觉得这个问题很简单，世界上有人、有树、有房子、有汽车、有街道、有云、有雨……好吧，我倒是要看看你什么时候才能把世界上所有的东西一个个地都说个遍。你是不是也意识到这种方法有问题了？如果你一个一个地数，世界上的东西是数

不完的。因为世界是一张不断展开的大网，就在你数的时候，它又开始往外延展了。这样数下去，什么时候是个头呢？

所以，这个办法太笨了，不好用，得换个办法。不是一个一个地数，而是把世界上所有的东西分成几大类。无论世界上有多少东西，每样东西都可以被归到不同的类别里。分类这件事前面已经讲过了，这里再举个简单的例子吧。如果你是一个喜欢看书的孩子，你家里的书肯定很多吧。如果你看完书就随手一丢，家里肯定会变得乱糟糟的，妈妈会让你把书摆放整齐。那么问题来了，你会怎么摆放呢？你看的有漫画书、课本、科普书……对于种类繁多的书，最好的整理办法就是分类。比如，你可以按照"故事书""习题集""好玩的书""没意思的书"来分类。

整理书是一件简单的事，但是要整理世界，那就难了。世界上有

那么多东西，应该怎么分类呢？你可以想一想，最简单的分类方法应该是什么样的？是不是"一分为二"？分成两类，这两类之间还能形成对照，这样就很方便了。就像在你的班级里，虽然有很多小朋友，但他们可以简单分成"男生"和"女生"这两类；你家里的人，可以简单分成"家长"和"孩子"这两类。你看,这个分类方法是不是很简单，而且很清楚？要想把世界分成两类，该怎么分呢？最简单的办法是不是分为"有生命的"和"无生命的"这两类？你是有生命的，你背的书包是无生命的；你家的小猫是有生命的，花园里的一块石头是无生命的。

这个分类方法看起来很实用，但接下来，你是不是又要开始质疑了：世界上所有东西都可以分成这两类吗，不是有生命的，就是无生命的？真的这么简单？我可以很负责地告诉你，当然没这么简单！但是，从这个简单的分类开始，一点点思索复杂的生命问题，就是我们接下来要做的事情。下面，我们就分三步来进行抽象思考。

第一步，想一想，所有有生命的东西有什么共同特征？

第二步，再深入想一想，有生命的东西和无生命的东西之间的差别在哪里？

第三步，想一个麻烦的问题——世界上会不会有一些东西，它们既是有生命的，又是无生命的？这一类东西，我们最后再说。

先走第一步吧。请你好好想想，所有有生命的东西，或者说生物，总有一些共同的特征吧？否则，它们不能被归到一类。就说你们班的男生好了，他们长相千差万别，性格也各不相同，但是都可以被归为

男生，这就说明他们有一些共同的特征，尤其是身体的特征。

　　所有男生的共同特征还比较容易理解，但是，所有有生命的东西的共同特征呢？这好像有点儿难找了。先看看你自己，你说自己有生命，是活着的，那具体有什么特征呢？

　　你身上最强烈的生命信号大概就是呼吸了吧。如果把你的身体比作一台机器，生命就是让这部机器正常运转所必需的能量。我们就说汽车吧，它会满大街跑，而且还跑得飞快，除了要有机械零件之外，还要有汽油或电，对吧？生命呢，就是让身体这台机器跑起来所必需的"汽油"和"电"。不过，身体不是汽车，生命也不是汽油。生命虽然是很重要的能量，你却看不到，也闻不到，更摸不到、听不到，那么，它在你身体里的什么地方？它又是你身体里怎样的一种能量呢？

　　这里就要提到西方哲学史上鼎鼎大名的德国哲学家莱布尼茨了，他是一位非常厉害的全能型天才。他最重要的发明有两个，一个是数学中的微积分，另一个跟今天的生活密切相关——据说他是现代计算机最早的发明人之一。为什么要说莱布尼茨呢？因为他对生命也有过深入的思考。

　　莱布尼茨是一个富有想象力的人，他提出了一个听上去很有趣的哲学理论，叫作"单子论"。他认为，这个世界是由无数单子组成的，每一个单子都像一栋没有窗户的小房子，单子和单子之间可以彼此沟

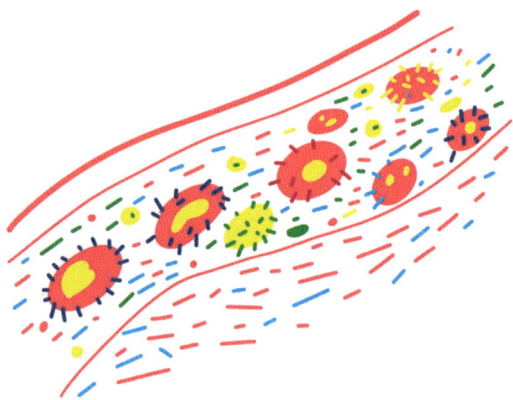

通。你可以这样想：一根线上串着一颗颗亮晶晶的小珠子，你从每一颗珠子看过去，能看到整个世界。一个单子就像一颗小珠子，用自己的方式映照出整个宇宙，就像你从一滴小小的海水里可以看到整个大海一样。所以莱布尼茨说：物质的每个部分都可以被设想成一座充满植物的花园，或一口充满鱼的池塘。所以，自然界里的一切都是有生命的。

如果你还不太明白莱布尼茨说的是什么意思，也没关系，我们一起好好品味他的这个比喻。整个世界就像一座大花园，花园里有花花草草，每一朵花都有花瓣，花瓣上还有很小的花粉……就这样不停地细分下去，你会发现，生命是无处不在的，哪怕在最小的微粒里，在细胞里，在水滴里，在花粉里，都有生命力在涌动。如果你的身体缩小几百万倍，小到可以钻到血液里，当你看到那些大大小小的细胞在那里忙忙碌碌地跑来跑去，会不会有这样的感觉：原来这里也这么热闹啊，就像一座热闹的大城市，一个生生不息的宇宙。所以，用莱布尼茨的比喻，我们大概可以回答第一个问题了：生命有什么共同特征呢？那就是无论我们深入到多么小的微粒，都能发现生命力在涌动。

这样一来，万物都有生命了，哪怕是一滴水，一块石头，好像也可以有生命了，真的是这样吗？

一起思考吧

跟爸爸妈妈一起玩一玩这个分类游戏，看看你能一口气说出多少"有生命的"和"无生命的"东西。你可以再想一想，还有其他给世界分类的方法吗？

生命就是生生不息的创造

前面我们做了两件事情，第一，把世界上所有存在的东西简单地分成了两类——有生命的和无生命的；第二，一起思考了所有有生命的东西的共同特征，我们知道，哪怕在最小的微粒里也有生命力在涌动。所以，莱布尼茨才会把整个世界比作一座美丽的、充满生命的大花园。有了生命，世界才变得丰富多彩、充满活力，也才更有趣。没有生命的世界是单调的、无聊的、乏味的。

现在，我们继续进行抽象思考的第二步和第三步。

先说第二步吧。我们明白了所有有生命的东西的共同特征之后，是不是会继续追问：有生命的东西和没生命的东西有什么区别呢？我举个例子来说明：有生命的你和小猫，没生命的石头和桌子。请你想一想，小猫和石头最大的区别是什么？你可能一下子说不出来，那不妨睁大眼睛，仔细观察。先观察小猫，它日常的生活状态是什么样的？你会说，它基本上就是吃吃睡睡，睡醒起来跟你玩一玩，在房间里遛一圈，再回去继续吃吃睡睡。看上去，小猫真的很悠闲！你呢？早上起来急急忙忙地刷牙、洗脸、吃早饭、背上书包冲向学校。放学回到家，又是急急忙忙地吃两口饭，就开始写作业。

虽然小猫很闲，你这个小主人很忙，但你们还是有一些"共同的特征"，就是都要吃饭睡觉。因为不吃不睡的话，第二天就会没精神，如果长时间不吃不睡，你们一定会生病的。所以，需要补充营养和恢复体力是你们的第一个共同特征。第二个共同特征就是——你们都不能一直待在同一个地方"不动"，而是要做各种各样的事情，进行各种各样的运动。有的是你自己主动要做的，比如打游戏、看漫画、出去找小伙伴一起去公园里打球等。有的不是你自己主动要做，但却是不得不做的，比如解很难的数学题、吃不喜欢吃的饭菜、停下手里的游戏跟妈妈出去买菜……

现在，你可以比较一下，你和小猫的这两个共同特征，石头和桌子有吗？好像没有吧。先说第一个，石头和桌子肯定是不需要吃饭、睡觉的，这倒不是因为它们没有身体、没有嘴，而是说它们根本就没有这个需要，它们不用吃饭、睡觉就能一直存在。就说石头吧，它虽然不用吃东西，也不用睡觉，但它存在的时间可比绝大多数生物长得多。地球上有些古老的石头已经存在几十亿年了，它们就一直在那里

不动，直到今天还没有消失。

　　接着再说第二个。你和小猫都会运动，但是石头和桌子会运动吗？你是不是觉得它们也是会运动的？你抓起一块石头，把它扔出去，石头看起来是在运动的。但是，让它动起来的可不是它自己，而是你。桌子也是这样，别看你和小伙伴课间打闹时，能把课桌推来推去，但是课桌自己可不会动，它不会推动自己，也根本没"想过"要推动自己，真正让它动起来的是你们。再说回存在了几十亿年的石头，要是人类没有出现在地球上，没有把石头开采出来去造房子，它们可能会一直在原地一动不动。

所以，你和小猫的这两个共同特征，石头和桌子一个都不具备。现在，你可以把上面得到的结论进一步拓展。是不是所有有生命的东西和无生命的东西都有这两个区别？有生命的需要吃饭、睡觉，无生命的就没这些需要；有生命的会自己运动，无生命的只能靠外力来让它运动。

真的是这样吗？

有的小朋友说：老师，你说错了！我知道，很多有生命的东西确实不能不吃饭、不喝水，但是可以不睡觉，比如我们家种的花就是这样。而且花也不能自己在房间里走来走去，只能乖乖地待在花盆里，要是我不把它搬到阳台上去，它就跟石头和桌子一样一动不动。

　　这个质疑很精彩。我先回答第一个疑问，花真的不用睡觉吗？花虽然不会像你和小猫一样，要躺在床上或趴在沙发上睡觉，但是它白天和晚上也有不同的生活节奏。你要是有科学家的测量仪器，可以晚上测量一下花的状态，就会发现，它的很多活动都要比白天慢得多。这大概就是花"睡觉"的方式吧？我再回答第二个疑问，花真的不会动吗？没错，它被你种在花盆里，肯定不会从盆里爬出来，满屋子乱跑，也不会在你脚边乱蹭，但是，它的确在不停地动，而且是自己主动地动。比如，它要不停地生长，这就是一种很重要的运动。你给它浇水、晒太阳、施肥、杀虫，它从一粒小小的种子变成一棵绿绿的小苗，它越长越大，开出漂亮的花，有时候还能结出可爱的果实！你看，它是不是也很会运动呢？

看来，我已经成功地"击退"了第一轮"进攻"。可是那位小朋友又开始新一轮的质疑了：还有很多无生命的东西，它们好像不用人来推动，自己就会运动，而且运动得还很好呢。它们就是天上的太阳、月亮，还有数也数不清的大大小小的星星。它们一直在运动，一刻也不停。要是有一天，太阳真的停下来不动了，月亮也不再露脸了，那就预示着要发生灾难了吧。你说，是谁在推动它们呢？

这个问题有点儿难住我了。不过，我想到了一个很好的答案，你看看有没有道理。就说太阳吧，它肯定是没有生命的，因为它不用吃饭、睡觉，但是它每时每刻都在运动。要是没有阳光，地球上绝大多数的生命都没办法活下去。这么伟大的太阳，它真的是靠自己的力量动起来的吗？难道说，每一天，太阳醒过来都对自己说：嗯，地球上有那么多的人和动物需要我呢，我可不能睡懒觉，赶快起来，运动起来！

　　太阳当然不会自己对自己说话，肯定也不会自己动起来。那么，它为什么一直在运动呢？大概就是因为宇宙里所有存在的东西都是联系在一起的，哪怕是一只小小的苍蝇，一滴小小的水珠，都是整个宇宙的一部分。宇宙就像一张大大的蜘蛛网，所有东西都被粘在上面，彼此分不开。所以太阳在动，是因为有别的东西在背后推动它。就像你看到地板上突然滚来一个皮球，它是主动滚过来找你玩吗？不可能，肯定有人碰到了它，让它动了起来。宇宙可比你的房间大多了，宇宙中的东西运动的原因非常复杂。

　　太阳在动，星星在动，那是因为背后被别的东西推着。就像一根绳子，你拉动了一头，另一头上系的铃铛就会响。宇宙也是这样，可能在很远的地方有一个小小的运动，它会引发一连串的连锁反应，这就叫作"蝴蝶效应"。简单来说,"蝴蝶效应"讲的是,南美洲的原始森林里有一只漂亮的小蝴蝶扇了一下翅膀,几周以后可能会在地球上其他地方引起一场大暴雨。这真的是有可能的,一个不起眼的小动作却能引起一连串的巨大反应。

聪明的你肯定会问:没错,宇宙里所有的东西都在动,但当初又是谁在开始的时候推了那么一下,让整个宇宙动起来了呢?这个问题,我真的没办法回答,你可以自己想一想,宇宙一开始是怎样动起来的。

读到这里,你应该不会再质疑了吧?那就说明我们之前给出的两个共同特征是成立的,可以按照有生命的和无生命的这两个标准来划分世间万物。最后,我还想就"生命是什么"这个很难解答的问题说两句重要的话。

第一句,所有有生命的生物之间可以"共情"。什么是共情呢?比如,看电影的时候,你看到让你难过的情节会流泪,这是因为你感受到了电影中人物的痛苦。你看到隔壁的小朋友摔了一跤,趴在地上哇哇大哭,这个时候你不会幸灾乐祸,而是会很难过、心疼,就像你自己也重重地摔了一下。你会跑过去,把他扶起来、安慰他,让他不要哭,告诉他很快就会好起来。所以,共情就是你能感受到别人的感情,而且,你还能安慰别人,让别人感受到你带给他的温暖。不只人和人之间可以共情,人和动物之间也可以,而且很多时候,你体会到的感情还很强烈。当你看到小区里的流浪猫下雨天被淋得湿漉漉的,冻得发抖,你心里肯定很难过,想冲过去把它抱回家。所以,共情这件事，是所有生物之间都有的，这就是生命之间互相连接的纽带。

说到这里，我要反驳一下莱布尼茨了。现在，我觉得他的那个世界是花园的比喻也不太对。他说整个世界都是有生命的，其实是有问题的。因为我们和石头之间就不会有我们和小猫之间的共情。石头被砸碎了，你心里不会难过，当然，除非那是一块你自己很喜欢的石头。

第二句话，所有的生命还有一个很重要的共同特征，那就是生生不息的创造。生命就像河流，一直奔流不息。生命就像焰火，总是绽放出美丽的光芒。勇敢地去超越自己，勇敢地去实现自己的梦想，这才是生命的本质。

第五讲
为什么我不应该说谎

　　让"绝对律令"慢慢地在孩子心底扎根，自然地生长起来，成为他构建人格的重要途径。

说谎会伤害别人

这一讲，我们来聊聊德国哲学家康德的思想。提到康德，作为学习哲学的人，我真的是有一肚子的话要跟你说，我想告诉你康德有多么厉害，多么聪明，想出了多么深奥的哲理……但是，这样说下去，估计你什么也不明白，什么也记不住。那么，从什么问题入手，来介绍康德的哲学理论呢？我想到一个很好的点，那就是"说谎"。

要是我问你一个问题，你会"诚实地"回答吗？这个问题就是：说实话，你到底有没有说过谎？不管是大的谎，还是小的谎，不管是恶作剧的谎，还是惹出大麻烦的谎，你从来都没有说过吗？你敢对你的爸爸妈妈或者老师保证"我真的从来没有说过谎！我一直都是一个很乖、很听话、很诚实的孩子！"吗？如果你敢于这样做，我愿意相信你说的。

如果你反过来问我有没有说过谎，我真的不敢保证我从没说过谎。因为仔细想想，我从小到大，说了不知道多少谎，真惭愧啊！

就说我小时候吧，为了不被妈妈骂，会把偷偷买来的零食藏起来。你也知道，这是一件很不好的事情，但是我真的不想被妈妈发现，然后被妈妈批评一个小时，再被罚站半个小时。所以，我明知道这是不对的，还是选择了说谎，告诉妈妈零花钱丢了。因为，我默默在心里权衡了一下，如果偷偷花了零花钱，肯定要被妈妈批评，但是，如果

80

说个小谎，那不就"逃过一劫"了吗？所以，为什么不"铤而走险"呢？

这样的想法估计很多小朋友都有过吧？即使你没有真的去做，可能也确实在心里默默地想过。那么，说谎骗老师、骗父母，错在哪里呢？

当你说谎了，老师和家长肯定会批评你，理由可能有这么几个。

一个理由是，说谎会让别人不相信你。爸爸妈妈肯定会给你讲过《狼来了》这个故事。从小到大，这个故事我已经听过无数次了，你是不是也跟我一样？这个故事告诉了我们什么道理呢？那就是，小孩子不应该说谎，因为说一次谎尝到了甜头，你可能就停不下来了，渐渐地，你甚至会变成一个坏孩子，一直说谎。最后，谁也不相信你说的话了，没有人愿意和你做朋友。更糟糕的是，当你真正遇到危险，需要别人帮助的时候，没有人会向你伸出援手。这是不是很可怕？所以，不能说谎，一次也不能！

这个故事很有哲理，但是不能说服我，估计你也不相信。道理很简单，当我们说谎的时候，其实我们自己心里是非常清楚的。我们会感到很不好意思，会觉得自己犯了错、变成了一个不好的孩子，会自己责备自己，在心里对自己说"下次千万别再这样了！要做一个诚实的孩子！"。你会发现，当你说谎的时候，往往是被逼得没办法的时候，因为你明明知道说谎不对，却还是说了谎，说明你真的没有别的选择了。你心里会紧张，脸会红，手心会出汗，这都说明你也觉得自己在做一件很不好的事情。

《狼来了》这样的故事在真实的生活中基本上是不可能发生的，因为每次我们说谎的时候，心里就已经开始自我检讨了，很少会有人一而再，再而三地说下去。

看来，这个理由是没办法说服我们的，因为好像没有哪个孩子生来就喜欢说谎，而且说起谎来一点儿不脸红，停也停不下来。要是真的有，我觉得这个孩子很可能是在跟身边的人开玩笑。

还有一个理由也是大人们经常用来劝小孩子的，那就是，说谎会伤害别人。在《狼来了》这个故事里，那个孩子利用了别人对他的信任，伤害了别人。但是，你可能没有意识到，在生活中，还有一种伤害的危害也很大，那就是对亲人、对最好的朋友说谎。当你对真正关心你、爱你的人说谎时，产生的伤害往往是没有办法弥补的。

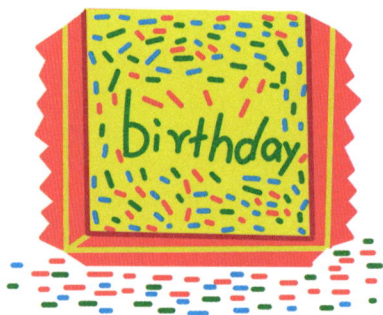

我举一个例子吧。有一个 12 岁的小朋友叫小米，他非常喜欢玩游戏。他最大的梦想就是在 14 岁生日的时候，爸爸妈妈能送给他一款他非常想要的游戏机作为生日礼物。当然了，爸爸妈妈满口答应，毕竟还有两年的时间他才满 14 岁。不过，他们只是随口一说，但是小米是认真的，因为拥有这款游戏机，沉浸在游戏的世界里，是他梦寐以求的事情。

所以，在之后的两年里，他一有空就跑到卖游戏机的地方去看，去了解各种关于这款游戏机的信息，自己都快变成小专家了。没办法，他太喜欢了，而且爸爸妈妈也答应了他的要求，他只要默默地等上两年，就可以美梦成真。可是，两年的时间还真是不短呢！要是我，可能早就放弃了，干脆换个其他的礼物。但是小米真的是一个有毅力、有耐心的孩子，他一天一天地数着时间，两年后，终于等到了14岁的生日。盛大的生日晚宴上，小米吹熄蜡烛，切了蛋糕之后，兴冲冲地冲到房间里，看他的梦想到底实现了没有。结果，他发现爸爸妈妈只送给他一套精美的《百科全书》。

讲到这里，我想你应该一下子就能体会到小米当时的心情了吧？虽然这只是一个故事，但是，这个故事确实会让我们感受到说谎对人的伤害。

家长在这种情况下可能会为自己辩解：你还是个孩子，玩游戏会影响学习。而且玩游戏对眼睛不好，要是你的视力变得越来越差，该怎么办？

但是，这只是大人给自己的解释罢了。事实上，家长就是在说谎，而且是对着自己最爱的孩子说谎，后果是非常严重的。在《狼来了》的故事里，说谎的孩子也伤害了别人，但最后的结果无非是别人不再相信他了，而且，最终吃到苦头的是他自己。可以说，他说谎也伤害了自己。

但是，小米和游戏机的故事就不一样了。说谎的爸爸妈妈伤害了他们最爱的孩子。而且，这样的谎言不用重复多次，只要有一次，就会在孩子的心里留下深深的伤痕，结果是非常可怕的。倒不是说孩子从此就不再相信大人了，而是说，他对人生、对世界的看法都会发生明显的变化，甚至会从此变成一个消极的人，因为他可能会想：连爸爸妈妈都会骗我，这个世界上到底还有谁能相信呢？连这么爱我的人都会说谎，这个世界上还有真话吗？我想，可能从 14 岁的生日开始，小米的世界就开始变成灰色的了，他可能也会慢慢变成一个消极的人，不想努力，也不相信爱。

所以，讲完第二个理由，你是不是有点儿动摇了？说谎确实是不对的，任何时候都不应该说谎。你要一直做一个诚实的孩子，应该牢牢地把这些印在你的心里。因为有时候，你说了一个小小的谎，好像最后没有造成什么不好的影响，但是有时候，尤其是对你的亲人说谎的时候，谎言会造成很严重的后果。

　　这就是康德的哲学理论里的一个说法——道德法则就是"绝对律令"。简单地说，"律令"就是命令，父母和老师平时"要求"你去做这做那，其实都是在"命令"你。不过，在日常生活里，大人对你"发号施令"的时候，你好像可以跟他们讨价还价。比如，爸爸跟你说："赶快去做作业！"这个时候，聪明的你可以做个鬼脸，跟爸爸说："如果我很快就把作业做完了，有什么奖励啊？能玩游戏吗？能多吃一个冰激凌吗？周末可以出去玩吗？"爸爸如果不够坚定的话，大概就答应了："好吧，好吧，只要你做完作业，而且做得又快又好，我周末肯定带你出去玩！"

你看，这样的"命令"就不是"绝对"的，因为你还可以跟命令你的人谈条件。但是，如果涉及"不能说谎"这样的原则性问题，谈条件、讨价还价就不可能了。因为，大人会跟你说"绝对不能说谎""任何时候都不能说谎"。所以你看，"不能说谎"这样的命令一旦下达，你根本没办法谈条件，只能乖乖地去执行。

你可能会很疑惑，真的有人能做到永远不说谎吗？我可以告诉你，别人我不信，但是如果康德说他自己从来不说谎，一辈子都没说过谎，我是真的相信的。他是一个古怪的人，据说他每天的生活都十分有规律，什么时候应该做什么，没有一丝一毫改变和商量的余地。他每天下午四点半一定会从家里出来，然后在家附近的小路上来回走上八次，一定是八次，一次不能多，一次不能少。你看，连生活都这样有规律，那么他肯定会非常严格地遵守各种道德的"律令"。

一起思考吧

真的任何时候都不应该说谎吗？说谎一定是一件坏事吗？你能不能想出一些反例？比如，有时候，说谎反而会让别人快乐，甚至会变成一件好事？

话是假的，但心意是真的

　　什么情况下，说谎可能是一件好事？关于这个有点儿搞怪的思考题，不知道你给出了什么样的答案。其实，不用绞尽脑汁，这样的例子在真实的生活里太多了。你可能会觉得，有时候，说一个善意的谎，是你更愿意做的。我们先一起来想想，哪些时候，说谎不但不是一件坏事，反而是一件让人快乐、能给别人带来帮助的好事。

　　有一种情况是，说谎能够让人忘掉烦恼，从低落的情绪里恢复过来。这种情况比较常见，比如新年快到了，你们班要搞一个庆祝活动，

需要同学们表演各种各样的节目，老师希望大家踊跃参加。你的好朋友小明报名了，因为他一直觉得自己唱歌很好听，以后甚至还想当个小歌星。你们一起出去玩的时候，他时不时就会唱一段。虽然他有时候唱得真是不好听，但你大概不会直接说吧。你总不会当着他的面说："小明，你唱歌简直太难听了，快别唱了，我快受不了了！"为什么你不能这样说呢？因为他是你最好的朋友，你如果直接把实话说出来，会伤害到他，让他很伤心，说不定你们再也做不成朋友了。所以你看，生活中，有时候说假话才能让别人开心，不会伤害别人，这样大家才能一起快乐、友好地相处。如果你总是不经思考就说实话，反而说明你没有礼貌，不懂道理。

那么，这是不是意味着，说谎就是对的，说真话就是错的呢？好像也不是。还是说唱歌难听的小明吧。你确实不喜欢他的歌声，也确实觉得他唱得难听，很想让他停下来。但是你为什么没有直接说出来呢？道理很简单，你觉得这个时候，说一个小小的谎没什么。你觉得小明虽然唱歌难听，但是他身上还有很多让你喜欢的地方，比如他聪明、乐于助人、在班里人缘好等。所以，你和他成了好朋友。说谎虽然不好，但是最后带来的结果是好的，它维系了你们之间美好的友情，利大于弊。就像你生病时吃的药，药本身有一点儿副作用，但是它能治好你的病，说明它还是利大于弊的。

　　还有一种情况是，在一些关键的时刻，说谎能给人带来积极的心理影响。还是以小明为例。他不仅喜欢唱歌，运动场上也是个健将。

一到运动会的时候，大家都会把目光投向小明，因为他是个短跑小明星。你别看他个子不高，还有点儿胖，但是一上跑道，马上变成一支"小火箭"，嗖的一下就蹿出去了，每次都是第一个冲过终点线，观众台上会响起一阵又一阵尖叫和喝彩声。

今年的运动会，小明毫无疑问还是主将。只不过，据说三年级八班转来了一个很厉害的男生，以前在区里的短跑比赛中得过冠军，听起来很厉害。小明的心开始怦怦地跳，自己是不是那个男生的对手呢？他没什么把握，开始紧张起来。比赛前几天，他都不怎么笑了，一副心事重重的样子。这个时候，就轮到你这个好朋友上场安慰小明，给他鼓劲了。你事先当了一回小侦探，跑到八班打听了一下。结果，你吃了一惊，那个男生不仅真的得过区里比赛的冠军，而且还比小明高两头。看上去，小明根本不可能赢。但是，你会跟小明说真话吗？大概不会吧。聪明的你可能会撒一个谎，跟小明说："我偷偷打听过了，别看那个家伙块头大，但他绝对赢不了你！勇敢地去拼吧，你就是我们班的骄傲！"你想想看，听了你的话，小明会不会劲头十足呢？哪怕他最后还是输了，但至少你让他在比赛前充满了力量，而这份力量正是他需要的，对他帮助非常大。所以，说谎虽然不好，也不对，但是在某些关键时刻，它会像兴奋剂一样让人快乐起来、积极起来，充满正能量。

这样"善意的谎言"在一些关键场合很有用。虽然你现在还没有体会，但你可能也听大人讲过，或者在电视上看到过，当一个人生了很重的病的时候，说一个善意的谎，可能会对他的治疗和康复非常有帮助。要是你直接告诉他这个病有多么严重，对方可能一下子就垮了。但是，如果你说一个谎，跟他说这个病其实并不严重，医生说他马上就可以出院了，那么他可能一下子就会振作起来，也许严重的病情反而会慢慢好转。你觉得，说这样的谎是不是好事呢？

第三种说谎的情况就更常见了，它既不会引发什么严重的后果，也不会伤害别人，反而会让大家感到快乐。就像大家都知道圣诞老人是假的，根本不会有一个戴着红色帽子、驾着雪橇的白胡子老爷爷从天而降，给你送来惊喜。但是，一到圣诞节，很多孩子都会充满期待，

装饰好圣诞树，再美美地睡一觉，在梦里期待圣诞老人悄悄来到家里，在袜子里藏好礼物。早上起来的时候，你明明知道那个礼物是爸爸妈妈悄悄放进袜子里的，但你还是很开心，会感谢那个"编出来"的圣诞老人。这是一个谎言，但这个谎言传达的是一个美好的愿望，它就像一道温暖的光。其实，我们读的很多童话、神话故事也是编出来的，但我们需要这样美好的谎言。我们希望天空有圣诞老人的雪橇，希望海里有金碧辉煌的龙宫，希望花园里有可爱的精灵，甚至希望有一天梦中的城堡真的能建造出来。这些编出来的谎言会让我们的生活充满美妙的色彩，要是没有这些美好的谎言的点缀，生活会变得多么索然无味啊！

再说得简单一点儿，每天我们说的话都难免会夹杂一些这样美好的谎言。比如，你的好朋友彤彤穿了一件特别漂亮的红毛衣，上面还有一只可爱的小猫。你见到她以后，冲上去抱住她，然后叫起来："彤彤，你今天真是最美丽的小仙女！"这肯定是谎话吧？世界上肯定没有仙女，而且彤彤肯定也算不上是最美的，但你还是这样说了，你只是用这种夸张的说法来表达自己的赞美之情而已。虽然说出来的话是假的，但你的心意是真的，这就足够了。

还有，在平时讲笑话活跃气氛的时候，说谎也挺有用。比如，你跟小明一起去吃快餐，没想到小明不仅跑得飞快，胃口也大得惊人，一个人差点儿把整桶鸡腿吃光。你忍不住说："你别吃了，再吃你的肚皮就要变成大西瓜了，就要爆炸了，里面的鸡腿就要飞出来了！"你

和小明都知道这不是真话，也不可能真的发生。但是，这样的谎言很好玩，说出来大家都会开心地哈哈大笑，气氛一下子就活跃起来了。所以，我们的生活中很需要这样有趣的"小谎言"。

上面讲了这么多谎言，有善意的谎言、美丽的谎言、有趣的谎言，但这些都不能反驳康德的说法。正相反，哪怕我们能够举出这么多的反例，康德的"绝对律令"也始终是对的。这是为什么呢？

康德的这个命题可以从不同的意义上来理解，我们可以把它当成一个哲学命题，也可以把它当成儿童心理学的一个方法。这方面，我比较赞同著名的瑞士心理学家皮亚杰的说法，那就是所谓的"道德实在论"。也就是说，大人把"不能说谎"这样的"绝对律令"教给你们的时候，应该从康德的角度来看，不能因为有的时候说谎的结果是好的，能让别人开心，能缓和紧张的人际关系，就告诉你们"不能说谎"不是"绝对的"，而是"相对的"，好像说谎本身没有好坏，只有在不同的场合、针对不同的人，才会产生好的和坏的结果。所以，皮亚杰才会说，不管孩子理不理解，认不认同，从一开始就要从康德的角度出发，把"不能说谎"当成"绝对"的命令教给孩子。因为只有这样做，

才能培养你们客观的责任感。

什么叫作责任感呢？有责任感，意味着你们是有担当的人，有原则的人，知善恶的人。那么，责任感又是从哪里来的呢？毫无疑问，孩子的心中先天就应该有是非善恶的尺度，从小在心里就应该有一把尺子，能够把身边的人和事都量一量，知道哪些事情是不应该做的，并且是绝对不应该做的，比如撒谎、偷窃、伤害别人……这就是皮亚杰说的客观性，而且这个客观性在你们的心理成长过程中非常重要。如果失去了这把内心的尺子，你们以后的人格发展就会受到比较明显的影响。这里说的客观指这把尺子一直在那里，不容妥协和置疑，标准不是相对的，而是绝对的，不应该就是不应该，不能做就是不能做，换句话说，这是底线，是最高的原则。

康德还有一句名言：令我敬畏的有两件事情，头顶的星空和心中的道德法则。简单说就是，心中的道德法则其实跟宇宙大化的法则一样，都是客观的，都具有绝对的普遍性。地球围着太阳转，它不会转着转着停下来，也不会想怎么转就怎么转，而是有明确的轨道。人生也是这样。道德法则就像人生中的一些基本的轨道，你可以进行适当的调整，但如果完全偏离了轨道，犯错的风险就很大。不过，康德还有另外一句名言：人为自身立法。这句话是说，道德法则不是从外面进入心里的，而是从人的心里生出来的，是人主动意识到的，是人应该遵守的。

怎样理解这些道德法则是一件很难的事，绝对不是读读书就能学

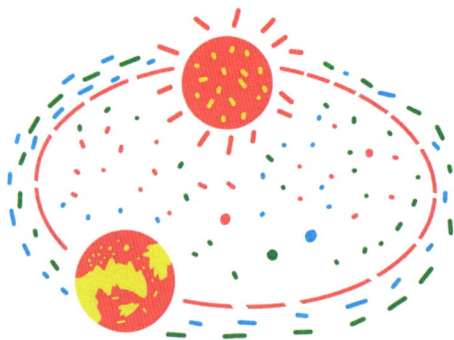

会的。这就需要爸爸妈妈帮助你，通过言传身教，引导你慢慢地在生活中去学习、去锻炼，让它们慢慢地在你的心底扎根，自然地生长起来，成为构建你人格的重要途径。一句话，就是你要明白这些道理和原则为什么是绝对的，是必须遵守的。

第六讲
我可以为自己辩护吗

　　知道自己是谁，想要什么，能够做什么，知道自己在这个世界上处于什么位置。

存在即合理

这一讲我们要讲的主题是——服从与不服从。简单说就是,为什么作为一个孩子,你总是要听大人的话。在家里,你要听家长的话;在学校里,你要听老师的话。好像无论你走到哪里,都要做一个乖乖听话的孩子。你必须服从吗?你可以表达不同的看法吗?你可以为自己辩解吗?这些都是你这个年龄段的孩子经常会有的困惑,我甚至觉得这些是你们最根本的困惑。我把这个主题放到最后来讲,因为它对你们来说很重要,但也很难讲清楚。既然哲学是一门追根究底的学问,那么,有一些根本性问题就必须去追问,不能因为有困难就放弃。这一讲,我要教你挑战家长的权威,这种做法好不好、应该不应该,我们一起来聊聊。

进入正题之前,我先介绍两个背景。首先,关于"存在即合理"这个命题,你需要了解两个知识点:这个命题是由德国哲学家黑格尔提出来的,他是德国古典哲学的代表人物;他写过两本很有名的书,分别是《小逻辑》和《精神现象学》。其次,我要解释一下"存在即合理"这句话到底是什么意思。这句话听上去很可怕,你可以想一想,如果你看到的、听到的身边的一切都是合理的,都是对的,都是可以被接受的,那也太疯狂了吧!上一讲我们说过,说谎有的时候是合理的,但是那些更坏的事情,比如战争,也是合理的吗?如果黑格尔说的真的

是这个意思，他是不是说错了？

　　我向你保证，黑格尔没有说错，因为他说的"存在即合理"这句话根本不是你想的那个意思。他的意思其实是：对于你身边发生的事情，你自己想做和已经做的事情，你都可以去追问一下"为什么"。也就是说，所有的事情，最后都可以、都应该去问一个"理由"。比如，你今天早上起来，收到班主任的通知，因为下暴雨，早上的升旗仪式取消了。你马上就着急了："怎么能取消?！我可是要在仪式上发言啊！我漂亮的新衣服都买好了，发言稿我花了一下午才背下来。怎么可以取消呢，这'不合理'！"但是班主任已经说了，今天之所以不能升旗，是因为下暴雨，难不成大家都要站在雨里听你演讲吗？这才不合理吧？所以，不升旗是有理由的，因为下暴雨。

　　为了加深你的印象，我再举一个例子。这次期中考试，你语文和英语考得还可以，但是数学成绩很差，本来能考 90 多分，不知怎的，竟然只考了 85 分。你以为妈妈肯定会责备你，但是妈妈是一个讲道理的人，她没有骂你，而是让你给出一个"合理"的解释。我觉得妈妈这样做是对的，因为她先给了你一个为自己辩护的机会。

你该怎么为自己辩护呢？

首先，你不能说"我也不知道，反正这次就是稀里糊涂地没考好"，你也明白这不是理由。你之所以这么说，肯定是因为不好意思跟妈妈说真正的理由。

妈妈肯定会继续追问。这时，你要是辩护得不好，说不定这个星期的零花钱就没了，游戏也不能玩了，零食就更别想了。所以，你要想明白，给妈妈一个合理的理由。你想了想，说："其实是因为考试前两天我沉迷游戏，根本没时间复习，就考砸了……"

但是，你觉得把这个当作理由好像不太对劲。因为理由应该是你能理直气壮地说出来的，是你自己心里觉得对，也敢大声说出来的，而不是本来就做错了事，然后再委委屈屈、偷偷摸摸地小声说出来的。所以，理由一般是你自己认为对的，而且还能大胆地说出来的想法。你有没有注意到，我们在这里用的词是"辩护"，而不是"辩解"，这两个词有什么区别呢？"辩解"就像你做错了什么，还硬要给自己找一点儿理由来推脱责任。但是"辩护"就不一样了。在法庭上，被告有权给自己辩护，而且被告经常需要找一个比较专业的律师来辩护。很多时候，你并没有做错，但是别人会冤枉你，这时候你光是喊"你们冤枉人！你们都是坏人！"肯定不够，你需要一点儿哲学的训练，

想一想怎么为自己辩护，把真正的理由清楚地告诉别人。

关于黑格尔的"存在即合理"，现在你应该理解一些了吧。"存在即合理"，就是学会为自己辩护，争取自己本来应该有的权利，不让别人误解你、错怪你。可是家长往往觉得，小孩子谈什么权利？乖乖听话就行了，他们又没有自主生活的能力，应该按照大人的意思去做，大人肯定是为了孩子好。这个想法，你作为孩子接受起来肯定会觉得有点儿不舒服。大人怎么能这么跟孩子说话呢！太不尊重孩子的人格了。我们应该从根本上好好想一想，服从和不服从是怎么回事。

先从服从这个问题开始说。你可能觉得服从这件事实在是太正常了，因为你还小，懂的知识不多，能力也很有限，不服从又能怎么办呢？

比如，你听说《哈利·波特》是很棒的书，兴冲冲地去书店买了回来，发现里面全都是字，而且很多都是生字，根本不认识。当然，你可以查字典，可即便查了字典，认识了书中的字，还是有很多故事情节似懂非懂。这时，你就需要找爸爸妈妈来帮忙，让他们给你解释，这也算是一种"服从"。但是，爸爸妈妈平时上班很忙，你必须态度诚恳，他们才有耐心给你讲。

除了知识储备不多，你的体力也很有限，你能靠自己做的事情很少。就说你的书包吧，越来越重，赶上风雨交加的天气，你还要自己撑伞。说得再透彻一点儿，就算你力气很大，背得动沉甸甸的书包，撑得起大伞，但是爸爸妈妈也不放心让你一个人去上学，他们会担心你在路上遇到坏人、迷路……

你看，你在各个方面都要家长照顾着、管着，不服从能怎么办？对你来说，服从并非什么不好的事情，而是你必须有的经历，你只有先服从，才能慢慢地找到自己，才能独立、成熟、长大。从孩子到大人的过程，其实就是一点点从被别人管着的服从，慢慢变成自己能够管好自己，再到自己能够对自己负责的不服从的过程。你可以比较一下你自己和爸爸妈妈的不同。在家里，你基本上每件事情都要服从爸爸妈妈，在他们的安排下吃饭、睡觉、做作业；在学校，你又要按照老师的要求听课、做作业、锻炼身体。但是爸爸妈妈就不一样了，他们经常可以对别人说："为什么一定要这样做？不行，我想按照我自己的想法来做！"虽然他们也经常要服从领导、服从单位、服从国家，但是，他们在很大程度上有选择做自己想做的事情的自由。

其实，服从并不等同于对你不尊重，因为你还小，智力和体力都不够，社会的阅历也不够，所以你在很多方面确实需要服从大人，这样才能顺利、健康、平安地长大。服从，也就意味着你在大人的关心和保护之下茁壮地成长。这没什么不好，甚至是应该的。就像一棵幼小的树苗，你如果把它扔到一个恶劣的环境里，缺少水、缺少阳光、缺少养分，那它肯定长不好。同理，现在你还小，很多时候必须服从，爸爸妈妈也应该对你负责，对你进行全面的呵护，而你应该积极地配合。

但是，这并不是说服从是没有限度的。接下来我详细解释两点：第一，家长不应该利用你的服从来为所欲为，服从不是家长盲目显示权威的借口；第二，服从不是没有限度的，尤其要注意，你对家长的

服从是一种依赖，可以是身体上的，也可以是精神上的，但服从不应该让你形成依赖型人格。

第一点很容易理解，服从本身就是不对等的关系。你之所以要服从，是因为能力比较弱，不得不依赖大人的安排和呵护。但呵护的尺度是什么？安排的界线应该划到哪里？每个孩子的情况千差万别，如果你性格比较倔强，爸爸妈妈可能就要稍微严格一点儿；如果你性格比较温顺，爸爸妈妈可能就会对你宽纵一点儿。无论这个尺度是"紧"还是"松"，它一定是有底线的，爸爸妈妈不能强迫你接受他们的想法。

第二点有点儿复杂，我会在后半部分再深入讲一讲。现在，请先和我一起思考一下。

一起思考吧

什么是长大？你什么时候可以说自己真正长大了、成熟了？有没有一个关键的标志？比如思考能力或行动能力。我倾向于这样一个答案——长大就是拥有独立的人格。你是否认同呢？

好的服从要和自我辩护相结合

我们继续聊聊服从这个主题。

对于还是孩子的你来说，服从并不一定是不好的，服从父母是你必须要经历的，是帮助你从儿童变成成人，从幼稚走向成熟这个过程中非常关键的一环。说得明白一点儿，如果你现在总是叛逆，总是跟父母对着干，可能并不利于你顺利、健康地成长。你应该服从父母，并不是因为父母总是对的，而是因为父母能给你提供必要的保护和帮助，离开这些，你就会像一只被扔在荒原上的小动物，既孤单又无助。

前面我留了一道思考题，请你好好想一想，长大这件事意味着什么。长大是个头儿越来越高，力气越来越大，懂得越来越多，思想越来越复杂；还是说，长大是你越来越独立，能用自己的头脑来想问题，依靠自己的能力去完成很多事情。我觉得，长大意味着你渐渐变成你想成为的样子。说得再简单一点儿，长大就是从服从到独立，慢慢知道你自己是谁、想要什么、能做些什么，知道你在这个世界上处在什么样的位置。我们就从这里开始，继续聊下去吧。

法国哲学家卢梭认为，小时候，我们需要依赖父母维持生活，长大以后，我们需要独立自主。如果这时还要依赖父母，那么亲子关系就不是自然产生的，而是双方自愿形成的恶果。卢梭的这些话恰好告诉我们，长大就是从依赖父母慢慢到独立自主。所以，当你还是个孩子时，你对父母百依百顺，乖乖听话，这是很正常的，没什么不好，因为你只有从父母那里得到各种各样的帮助，才能慢慢成长。但是，这种依赖的状态不可能，也不应该一直持续下去，尤其是你不能产生"父母依赖症"，遇到困难，自己想都不想一下，一点儿都不努力，直接跑去找爸爸妈妈。长此以往，你会迷失自己，慢慢丧失依靠自己"长大"的能力。父母对孩子一直都有一种本能——他们会自发地保护、关爱和呵护孩子。这是很正常的，无论你长到多大，甚至个头儿比父母都高了，但你在父母的眼中永远是懵懵懂懂的孩子，所以他们总是会无条件地给你提供各种各样的帮助。虽然有时他们也会抱怨，但他们对你的爱永远是无私的，因为对他们来说，你是世界上最重要、最

珍贵的。

　　但是，对你自己来说，要是就这样一直依赖下去，希望永远轻轻松松、舒舒服服地从父母那里获得帮助，你就永远不会真正地长大。这也正是卢梭想要告诉我们的道理。父母给你的帮助、你对父母的服从都是暂时的、阶段性的。父母就像阳光和雨露，给你的成长提供必需的动力和条件，到一定的阶段，你必须依靠自己。那个时候，你要学会用自己的头脑思考，"为自己辩护"也会成为你应该做、经常做的事情。当父母对你提出各种要求时，你不是想都不想就直接服从，而是问一句"为什么"，表达自己不同的看法：嗯，我觉得爸爸这句话说得不对，我觉得妈妈这样要求我是有问题的，我觉得应该这样做……当你开始这样为自己辩护的时候，就是你真正开始长大的时候了。

　　当然，我们说的是辩护，不是无理取闹，更不是胡搅蛮缠。辩护意味着你有自己的想法，也能清楚地表达自己的想法，并且有能力、有智慧去实现自己的想法。父母在养育你的过程中，也会经历这样一个过程。一开始，你年纪小，自然而然地依偎在他们的怀抱里，他们也习惯了你凡事都找他们帮忙。但是，你渐渐地开始有自己的想法了，"翅膀硬了""不服管了"，那个时候，他们肯定会很不适应，因为原来对自己百依百顺的孩子，现在要挣脱自己的怀抱，开创他们的世界了，

这对于父母来说，是一件很难接受的事情。

但是，再难接受，父母也应该慢慢学会去面对，因为这个阵痛期不仅对于你来说是关键的，而且对于建立良好的亲子关系也是关键的。在这个关键时期，如果父母没有顺利地从发号施令者慢慢转变为与你平等的对话者和协助者，那么对于你和父母来说，接下来的人生可能都会很艰难，因为你们之间的对抗、矛盾、冲突可能会一直持续下去。所以，从小学到初中这个阶段，家庭教育很关键的一环就是父母知道如何慢慢放手，用什么样的方式慢慢放手，让你能顺利地找到自己，依赖自己。

现在，你能理解卢梭的那句话了吧。下面，我们再回到服从和辩护这个话题上来。

让别人服从有两种办法：不友好的办法是用武力让别人服从，友好的办法是运用智慧让别人服从，让人"心悦诚服"。

先说不友好的吧。如果你是哥哥，弟弟比你小两岁，弱小的弟弟有没有被"人高马大"的你欺负过？比如，遇到你们俩都想要的东西，你仗着自己力气大，抢了过来。

请你仔细想想，这样用武力让弟弟服从，为什么会让弟弟讨厌呢？你仗着自己力气大、个子高，就对弟弟发号施令，让他做这做那，甚至抢他的东西，这些都说明，你只顾着自己高兴，根本不考虑别人的感受。即便弟弟事事都听你的，他对你的服从也不是真正的服从，因为他心里是不服的，他只是因为打不过你才服从。所以，遇到争执时，

你要学着用头脑思考，而不是一味地依靠自己的身体优势。而且，要想在这个世界上更好地生活，更自由地生活，找到自己，依赖自己，最重要的一个能力是思考。学会用自己的头脑清醒、冷静地思考问题，你才会成为真正的强者。这大概也是哲学对你很重要的帮助之一。

如果你想让别人真正服从，即不只是在表面上服从，而是从心里服从，接受你的想法，那一定不能用拳头，而要用头脑。所以，真正的服从不是对武力的服从，而是对权威的服从。

举个例子。你有没有竞选过班干部？竞选之前，你要写一篇演讲稿。如果你想当班长，又觉得自己把握不大，就要想办法让同学们都支持你、拥护你。所以，演讲的时候你一直强调自己有多么厉害、多么优秀，比如舞跳得好、语文学得好、画画得好，还擅长讲故事……你看，这么做的逻辑很简单：我很厉害，所以你们就应该服从我，应该听我的，应该选我当班长。

显然，你的办法行不通。问题到底出在哪里呢？首先，你只是自己觉得自己很厉害而已，如果跟别人比一比，你就会发现自己有哪些缺点。其次，你想当班长，就要了解班长的职责是什么，是仅仅让同学们服从，还是要为他们服务？如果你只想让同学们服从，这大概不是班长应该做的事情。班长应该让所有同学都觉得快乐、满足。所以，你竞选班长，不仅要说你自己在哪些方面很厉害，更重要的是表明你能为同学们和老师提供什么服务。比如，你能帮老师安排作业、检查

作业、收作业等。如果你的成绩好，也要依靠学习能力去帮助班里那些成绩不太好的同学，帮助他们提高成绩，让他们觉得，在这个班级里学习是一件很快乐的事情。如果你擅长画画，可以帮助美术老师出很多点子，比如开展绘画比赛、参观美术展，带同学们到操场上、公园里去写生……这样，大家都会爱上画画，而且会感觉，跟着你能做更好玩的事情。这才是班长应该做的。

通过这个例子，我想说，想让别人对你心悦诚服，肯定不能用拳头，而一定要用头脑，但这只是一方面，更关键的一点是，你想让别人服从，最终的目的不是只让自己高兴，而是让别人也能在你的领导下发现自己的价值，展现自己的能力，感受到快乐和美好。

我举的是孩子的例子，其实对你的父母来说，道理也是一样的。他们为什么要让你服从呢？除了要确立起权威之外，更重要的是，要用自己的能力和智慧更好地引导你，让你发现自己，展现自己的力量，给你留出更多选择的余地和自由的空间。你一定也希望自己服从大人不是因为他们力气比你大，长得比你高，懂得比你多，而是因为你发自内心地觉得他们厉害，愿意听他们的话，而且在乖乖听话的同时，你也会找到自己真正想要的东西、能做的事情。总而言之，在服从中你要为自己辩护，提出不同的建议，这才能让自己成长。

第七讲
生命的意义

更好地对自己的生命负责，更用心、更认真地活着，这是一件很重要的事情。

透彻地理解生命

我们要进入最后一个主题了，这是一个关于生命和死亡的主题。俗话说，"最后的总是最好的"。但这句话放在这里好像不太合适，因为死亡好像不是最好的，反而是最沉重的主题。死亡，是一个我们活着的人很少去想，不愿去想，甚至不敢去想的主题。虽然这是一个根本的、无法回避的主题，但大家一谈到它常常会选择沉默。

这个沉重又严肃的主题，应不应该给孩子讲呢？如果真的要讲，又要如何讲呢？

我先从第一个问题开始讲，应不应该和孩子讨论死亡？肯定有人赞成，有人反对。

很多人觉得不适合跟你们谈论死亡。大家普遍认为，你们的生命刚刚开始，你们就像初升的太阳、萌芽的种子，生命对于你们来说是新鲜的，有必要一定用死亡这样的问题来让你们烦恼吗？在这个阶段，你们最应该做的，就是敞开自己的心扉，去拥抱生命，去体验生命，去尽情地享受生命，把自己蓬勃的生命力尽可能地释放、展现出来。这个时候，跟你们谈死亡，要么是给你们泼冷水，影响甚至阻碍你们生命力的发展；要么就是遭到冷漠对待，因为你们根本不关心死亡，或者说，根本不会觉得这是一个"问题"。

就我自己而言，我觉得死亡是可以且应该跟孩子讲的。在很多优

秀的儿童哲学书里，死亡都是一个重要的主题。在直面这个主题之前，我想说，不仅对你，而且对所有人来说，快乐、幸福地活下去，坚强、勇敢地活下去，克服各种障碍和困难活下去，这些都是生命的根本意义和目的。读到这里，你应该有一个体会，哲学最明显、最直接的作用和功能，就是让你的眼界和心胸变得开阔，让你看到更广阔的世界，思考更深刻的问题。思考死亡显然就是一种对生命的拓展思考。活着是好的，是快乐的，是幸福的，是值得追求的，但是活着并不是一件简单的事，当我们开始思考生命这件事情的时候，首先会发现，它是一个过程，并且是一个时间性过程。人的生命，就像河流、乐章，总是有始有终的，有开端，也有终结。所以，要探讨生命的意义和真谛，死亡作为生命的"终点"和"极限"是完全没办法绕过去的。否则，你对生命的思考就是不完整的。所以，从哲学上来说，"死"跟"生"是结合在一起的，不思考死亡，又怎能真正透彻地理解生命呢？

请仔细想想你的言行，我认为其实你非但不回避、反感、排斥死亡，反而经常接触、谈起死亡这个主题。最常见的是动物和植物的死亡，它们会引发你的思考。小到被拍死的蚊子，大到死去的金鱼、小区里死去的流浪猫，以及枯萎的花花草草，当你看到这些的时候，肯定脱口而出"它死了"。既然"语言是生活的形式"，就说明你肯定会经常想到死亡。小区里那只活蹦乱跳的大黄猫，见了人就会撒娇，怎么有一天突然直挺挺地躺在地上，一动不动了呢？遇到这样的情景，你肯定先会问："死是怎么回事儿？"你也许会从小动物、植物的死亡，想到人的生和死。那个时候，你可能会有点儿担心，会联想到自己。如果没有人给你清楚地解释死亡的真相和意义，这个困惑也许就会在你心里慢慢扎根，甚至产生消极影响。

另外，儿童读物和动画片里，偶尔也会出现死亡这个主题。有些作品里关于死亡的描绘是轻松搞笑、无关痛痒的，这些当然不用太关注。它们不会启发你去思考任何关于死亡的问题。但有些作品里的死亡就显得严肃、沉重，而且这是无法避免的。当你很喜欢的角色在故事里死去的时候，对你的刺激是很大的，因为你会特别"入戏"，甚至走不出来。说不定你会哭个不停，一段时间内情绪都很低落。对你来说，故事角色的死亡不仅是重要的，而且是会带来强烈感受的一件事情。既然你已经开始思考消失、死亡了，而且你看的那些书和节目不可避免地会让你接触、思考死亡这个主题，那么我就有责任、有义务来以哲学的方式对你们进行引导，让你真正深入地想一想，死亡是什么，人应该怎样积极、正确地去面对死亡。

还有一种情况会对你造成巨大的影响和冲击，那就是身边的亲人或认识的人的离世。离世的老人往往生前跟孩子的关系都非常亲密，

很多孩子都是被老人带着长大的。当这些老人离开的时候，孩子的在场有时对老人来说是最好的告慰和告别。

既然如此，学会哲学地面对死亡就显得尤为重要。只有这样，你的焦虑才能真正化解，你在面对亲人离世的时候，才会不那么恐惧，并从中领悟生命的真谛，鼓起生存的勇气。我们大人其实也应该反思一下，你们面对死亡的恐惧和不安，是不是最初就是被我们"传染"的？既然我们自己都不能坦然、积极地面对死亡，那又如何要求你们做到呢？所以，死亡这件严肃又沉重的事情，恰恰可以作为你和爸爸妈妈之间心灵相通的重要纽带。以哲学的方式，跟爸爸妈妈一起学会如何真正直面死亡。以哲学的方式，积极地面对它、思考它，克服心中的恐惧，化被动的力量为积极的力量。这也是这一讲的主题"向死而生"

的意思。这个词，是德国哲学家海德格尔提出来的，希望你能从中领悟到，如何以哲学的方式积极地面对死亡。

一起思考吧

回想一下，在你看过的书或者电影里，当你最喜欢的人物死去的时候，你有什么样的感觉？是不是很伤心？为什么一个故事里的人物的死亡，会让你伤心呢？

生生不息地活着

通过前面的讲述，我希望你能明白，"死亡教育"或许跟"知识教育""情感教育"一样，对于你的成长来说是非常必要且关键的。

现在，我们来探讨一个更为关键的问题，那就是"如何面对死亡"，或者说，作为一个孩子，该怎样勇敢、积极、正面地直视死亡，而不是焦虑、恐惧和逃避。

我主要讲两个道理：死亡就是永远离开，以及长生不死其实是一件很无聊的事情。我最终是想让你明白，应该怎样积极、勇敢地面对死亡，认真、负责地生活。

先从第一个道理开始。死亡就是永远离开，这大概是让你认识死亡的最合适的起点。比如，当你看到倒在草坪上死去的小猫的时候，你一开始的反应会是惊讶、怜悯。然后呢？你如果胆子小，就会绕开走，因为你觉得死去的小猫跟平常不一样了，你感到害怕。你如果胆子大，可能会把小猫埋起来，给它建一座小小的坟墓，前面再放上鲜花之类的。可是，请你想一想，你真的开始思考死亡了吗？好像并没有。

其实，你在日常生活里看见的都是其他生命的离去，所以你总是抱着一种旁观的态度来对待死亡。虽然当你最喜爱的宠物或动画片中的人物死去的时候，你哭得很伤心，而且这些眼泪都是很真诚的，但这种哭泣和感动，都只是在旁观，你没有真正开始哲学式的思考。真正哲学地面对死亡，起点就是成为一个"思考者"，去思考一个很简单但也很残酷的事实：人跟那些小动物一样，有一天也会离开这个世界，再也回不来了。

这套哲学书读到这里，你肯定会有一个很鲜明的印象，那就是"哲学不说谎，哲学只追求真理"。所以，当你以哲学的方式去面对、去思考一个问题的时候，就要准备接受一个很严肃的挑战，这个过程可能不是快乐的，因为这个世界上绝大多数的真理，都带着几分残酷。所以，人类才想出了各种各样的谎言和借口来逃避真理、歪曲真理、屏蔽真理。然而，你一旦下定决心去思考哲学问题，就必须有追求真理、捍卫真理的勇气。

那么，你要以什么样的哲学方式来思考"死亡就是永远离开"这个道理呢？

　　首先，万物都有生有死，这是自然的法则，没有谁能够逃避。就像我们讲时间这一主题的时候谈到的，"时间都去哪儿了"这个问题的答案就是：时间都流走了，没人能让时间完全停下来，也没人能从时间里跳出去。

第二，即使你明白了"有生必有死"，但你还是没有真正开始思考死亡。因为"万物都有死"跟"人也是会死的"，这两件事好像无法直接联系起来，你最终还是会站在旁观者的角度来看死亡。

你应该怎么转换视角，思考死亡这件事呢？我想过两个思路，但都没有尝试过，在这里只是跟你分享、探讨。

首先，你可以从"观看"向"思考"转变。古希腊有一个哲学家叫伊壁鸠鲁，他认为，死亡虽然恐怖，但却不是什么大不了的事。当我们存在时，死亡没有到来；当死亡降临时，我们已经不存在了。死了就是什么都没有了，我都不存在了，那还怎么体验？难道有人死了之后又复活，然后告诉我们死是一种什么感觉，死后的世界是什么样子的？

在这个世界上，很多事情你都没办法直接体验，但是可以用间接的方式跟它产生联系，比如用共情。你的同桌今天生病了，状态不好，上课一点儿精神都没有，脸色也很难看，完全不是平常那副生龙活虎的样子。你看到他，心里肯定不太舒服吧，你好像能够体会到他的难受。但你又没钻到他心里去，你是怎么体会到他的感觉的呢？这就叫共情。因为你们都是人，都是有生命的，人和人之间会有一些普遍的、心灵相通的纽带。当你看到别人难受、痛苦、哭泣的时候，心里往往会产生相似的感受。比如，当你读完《卖火柴的小女孩》时，你是不是会难过地流下眼泪？这就说明你跟书中的小女孩之间产生了强烈的共情。

但是，只有共情还不够，我们还应该从共情出发，慢慢学会对自己进行思考。你看到同桌生病了，一开始很同情他。然后，你想到了自己：我平时经常跟他一起在操场上玩，有的时候玩出一身汗，没把衣服穿好，后来就感冒了，没办法上课，只能请假，功课也落下了。更糟糕的是，我没办法出门跟大家一起玩了！所以，我以后一定要关心自己的健康，冷了就要加衣服，玩的时候也要注意保暖，因为健康是最重要的，失去了健康，身体就会很难受，生活就会受影响。

这就是一个从共情到自我反思的过程。共情是起点，你跟别人产生了共鸣，从这里开始，你慢慢学会了思考自己、关心自己，这就说明你已经开始学习哲学的思考方式。思考死亡也要用同样的方式。一棵树会死，一只小猫会死，甚至大到像太阳这样的星体有一天也会"死"，它的光芒会熄灭，这并不可怕。当你明白这个道理之后，你应该更好地关心自己，你应该想一想，既然不可能一直活着，那么你在活着的时候，就应该努力去实现自己的梦想，尽力去帮助身边的人，让自己快乐，也让别人快乐，让整个世界越来越好，越来越美。这样，即便有一天你离开了这个世界，后来出生在这个世界上的人还是会感谢你为这个世界作出的贡献。所以，思考死亡这件事，是用自己的方式去珍爱生命，更好地对自己的生命负责，更用心、更认真地活着。这是一件很重要的事情。

其次，对死亡进行哲学思考，积极地、勇敢地面对死亡，还可以从反面来讲。比如，我可以问你一个问题：你觉得一直活着，永远不死是一件好事吗？一开始，你肯定会认为是一件好事，因为一直活着就可以到各种地方去玩，吃各种好吃的东西，还可以一直打游戏、看动画片，不用担心时间不够用，因为时间用也用不完！但是这样的生活真的有意思吗？也许你还有个问题，如果大家都长生不死，每个人都可以一直活着，人越来越多，地球上的资源也不够用啊。我倒觉得这不算是很严重的问题。地球上的资源虽然非常有限，空间也不是无穷无尽的，但是人类有充满智慧的大脑，总能想到办法让所有人都活下去。

如果这不成问题，那么长生不死好不好呢？应该也不是一件太好的事情。这个问题可以这样想：所有的生命不仅有生有死，而且都在不停地变化，生命不是一直延续下去就行了。我们仅仅活着是不够的，还要不断地改变自己，创造出新的生命形态。比如植物的一生，就是从一粒种子开始，长出枝叶，开花结果，最后枯萎死去。动物也是这样，蝴蝶一开始只是一只小小的虫子，然后它们把自己包在茧里，最后破

茧而出，变成美丽的蝴蝶。

所以，死亡并不可怕，面对死亡，每个人都应该好好活着，认真活着，充满干劲儿地活着，不断创造自己、改变自己，让生命越来越丰富多彩。

到这里，我们对哲学的探讨就告一段落了，感谢你的认真阅读和一路的思考。我们的哲学之旅还远远没有结束，其实才刚刚开始，期待我们一起将哲学进行到底。